KB176095

국제사회의 규범과 원리

이 저서는 2007년 정부(교육과학기술부)의 재원으로 한국연구재단의
지원을 받아 수행된 연구임(NRF-2007-362-A00021).

국제사회의 규범과 원리

권선홍 · 고홍근 · 최자영 · 김영일 · 황영주 지음

이담
Books

  ‘국제정치학’이란 학문은 제1차 세계대전을 전후하여 영미권을 중심으로 등장하였는데, 무엇보다 서구중심주의와 몰역사주의 등이 그 문제점으로 지적되고 있다. 근대 이전에는 서구·중동·인도·동아시아 등의 특정지역에서 보편종교와 공동문어를 공유하는 기독교·이슬람교·힌두교·유교 등의 문명권들이 존재하였고, 이들 문명권을 중심으로 한 복수의 지역국제사회들이 형성 발전하여 왔다. 그러나 근대 이후 서구열강이 비서구지역으로 침략·팽창하면서 서구기독교국제사회가 세계 전역으로 확대되어, 마침내 오늘날의 단일한 세계국제사회가 만들어졌음은 잘 알려진 사실이다.

  비서구문명권들의 붕괴 곧 서구문명권의 세계 전역으로의 확대는 서구문명기준의 보편화를 수반하였으며, 이에 따라 서구의 중세시대에 대해서는 물론 비서구지역에 대한 평가 역시 부정적일 수밖에 없었다고 하겠다. 중세시대는 대체로 보편적이고 초국가적인 종교권위 아래 상하위계적인 정치관계가 이루어졌으며, 정치도 종교에 예속되어 있던 상황이었다. ‘신의 평화’ 곧 종교공동체의 평화와 안전의 유지가 통치자들의 최대 임무였으며, 사적인 문제와 공적인 분야 나아가 국내적인 문제와 국제적인 분야가 명확하게 구분되지도 않았다. 국가를 최우선시하는 이른바 ‘국가이성주의' 사상과 이에 기반한 '국가이익' 관념은 근대 서구문명권에서 영토를 기반으로 하는 주권국가의 성장과 함께 등장하였다. 이처럼 물과 불 또는 얼음과 숯 관계와 같은 근대서구문명기준으로 고대나 중세 나아가 비서구문명권을 이해하려 한다면, 제대로 이해하기도 쉽지 않거니와 정당한 평가도 어렵다고 본다. 근대인의 편견을 시정하고 균형시각을 구비할 필요가 있음을 거듭 강조해 두고자 한다.

　부산외국어대학교 국제관계연구소에서는 이러한 문제점들을 조금이라도 극복하고 또, 연구 시각이나 분야의 확대를 위하여 서구의 근현대국제관계뿐만 아니라 고대나 중세시대, 나아가 비서구문명권의 국제관계에 대한 연구에 대해서도 지속적인 관심을 기울여 왔다. 2009년 여름에는 "국제사회의 규범과 원리"라는 주제로 공동연구 계획을 세우고, 그해 겨울 간단한 워크숍을 가졌다. 구체적으로 비서구지역의 유교와 힌두교 및 이슬람문명권과 함께 서구지역의 고대 그리스세계와 중세 기독교사회 그리고 근대국제사회의 규범과 원리를 다루어 보고자 하였다. 그러나 이러저러한 사정으로 연구총서 출간이 지연되어 오다가, 결국 필진의 변동과 추가를 거쳐 이번에 지중해연구원의 '인문연구시리즈'로 빛을 보게 되었다.

기초분야에 대한 연구가 부진하고 서구의 영향력이 압도적인 우리 사회에 나름대로 자극과 도움이 되기를 기대한다. 물론 여전히 부족한 점이 적지 않으리라 여겨지나, 독자 여러분의 가르침을 받아 앞으로 더 나은 내용으로 다듬어 나가고자 한다. 아울러 다양한 주제와 관련하여 문명권들 간의 비교연구도 더욱 활성화되기를 바란다.

　끝으로 해당 분야의 글을 집필하여 주신 여러 교수님들께 감사드리며, 이 책의 발간을 맡아주신 부산외국어대학교 지중해연구원의 윤용수 원장과 관계자 여러분께도 감사드린다.

2014년 6월

필진을 대표하여 권선홍 씀

Contents

유교문명권의 국제규범: 예(禮)규범을 중심으로[*]

권선홍_부산외국어대학교 외교학과 교수

Ⅰ. 머리말

제1차 세계대전을 전후하여 영미권을 중심으로 출발한 국제정
치학은 무엇보다 서구중심주의, 몰역사주의, 무정부지향성, 국가중
심주의 등이 그 문제점으로 지적되고 있다. 즉 서구 중세의 기독교
적 보편주의질서를 붕괴시키고 영토주권을 핵심으로 한 근대 국민
국가를 국제관계의 유일한 행위자로 규정하게 되면서, 국가보다
더 상위의 어떠한 권위체도 인정하지 않는 이른바 '무정부상태'를
당연한 전제로 삼고 있다. 그에 따라 근대 주권국가가 등장하기 이
전에는 국제관계가 존재하지 않았다고 주장한다. 이와 같은 국제
관계의 근대기원론에 따른다면 '국제(International)'라는 말을 중세
시대의 경우에 사용하는 것은 시대착오적인 일이 아닐 수 없다.[1]
실제로 영어의 'International'이란 용어는 영국의 공리주의학자 벤
담이 1780년에 발간된 『도덕과 입법의 원리 서설』에서 처음 사용

---

* 이 글은 『한국정치외교사논총』 35집 2호(2014)에 실린 논문("유교의 예규범에서 본 전통시대 동아시
아국제관계")을 일부 수정 보완한 것임.

1) Martin Wight, *Systems of States*(Leicester: Leicester University Press, 1977), pp.130~31; J. L. Holzgrefe, "The
Origins of modern international relations theory", *Review of International Studies*, Vol.15, No.1(1989), pp.11~12.

하였다.2)

그러나 오랜 인류역사에서 본다면 근대는 매우 짧은 시기에 지나지 않으며, 따라서 좀 더 적절한 용어로 대체되지 않는 한 국제관계의 연구범위를 고대나 중세시대 나아가 비서구문명권의 경우까지 확대 사용해야 한다고 본다. 이러한 통시적이고 포괄적인 관점에서 본다면 인류역사상의 국제관계는 수단차원에서 권위형과 강제력형으로, 구조측면에서 상하차등의 수직형과 상호대등의 수평형으로 나누어 볼 수 있다.3) 권위형-수직형 국제관계의 대표적 사례 중의 하나가 바로 19세기 중엽부터 말엽까지 서구열강의 침략 팽창으로 붕괴된 동아시아세계질서였다.

유교문명권의 국제관계에 관한 연구는 1930년대 장팅푸(蔣廷黻, 1894~1965)로부터 시작되었다고 하겠으며,4) 그의 지도를 받기도 하였던 미국학자 페어뱅크가 1940년대부터 본격적으로 연구하여 1960년대에 중화세계질서(Chinese World Order)라는 분석틀을 제시하여5) 막대한 영향을 주었다.6) 그러나 페어뱅크류의 주장에 대해

---

2) Jeremy Bentham, *An Introduction to the Principles of Morals and Legislation*(Mineola, N.Y: Dover Publications, 2007), p.326;『도덕과 입법의 원리 서설』, 고정식 옮김(서울: 나남, 2011), pp.463~65. 또한 김용구,『세계관 충돌의 국제정치학: 동양 禮와 서양 公法』(서울: 나남, 1997), pp.40~41 등 참조.

3) 권위형과 강제력형에 대해서는 이동주(용희),『국제정치원론』(서울: 장왕사, 1955), pp.270~71 참조. 그는 중세시대의 기독교사회나 회교사회 그리고 불교·유교권과 같은 권위형의 경우 "국제관계가 동일 권위관념에 의하여 규정되는 경우인데, 이러한 정치권위는 본질상 초국가적이 아닐 수 없으며, 또 따라서 권위가 타당한 범역은 한 개의 초국가적인 국제사회를 형성한다. 그런 고로 이러한 국제권위가 통용하는 국제사회에 있어서 나라가 지니고 있는 성격은 유아독존적 근대국가와는 전연 유형이 다르지 않을 수 없으며, 또 형식으로는 서로 마치 형제자매국가인 양하다. 그리고 국제권위가 지배하는 국제사회 속의 국가관계 혹은 국제정치는 본질상 계층적이며 서열적인 정치관계에서 이루어지며, 따라서 주권사상 같은 정치신화가 용납될 여지가 없다"고 지적하였다.

4) T. F. Tsiang, "China and European Expansion", *Politica*, Vol.2, No.5(March 1936), reprinted in Immanuel C.Y. Hsu(ed.), *Readings in Modern Chinese History*(New York: Oxford University Press, 1971), pp.129~40. 또한 Chu Djang(章楚), "Chinese Suzerainty: A Study of Diplomatic Relations between China and Her Vassal States, 1870~1895", Ph. D. dissertation, Johns Hopkins University, 1935 등이 있다.

5) John K. Fairbank & Ssu-yu Teng, "On the Ch'ing Tributary System", *Harvard Journal of Asiatic Studies*,

---

서 '조공'체제라는 말이 전통시대 중국의 대외관계를 전부 망라할
수도 없으며 이를 전반적으로 이해하는 데에도 최상의 용어가 아
니라며, 비판하는 견해들이 대두하였다.[7] 특히 1990년대 이래 미
국에서 청대 중국역사를 기존의 한화(Sinicization) 중심의 논의와는
달리 한화와 만주족 특성의 복합적 시각에서 새롭게 볼 것을 강조
하는 이른바 신청사(New Qing History) 주장이 등장하면서, 기존의
주장에 대한 비판은 한층 더 적극적인 상황이라 하겠다.[8]

국내학계에서는 전해종이 한·중 양국 간의 조공관계연구를 선
도하였다. 그는 고대(A.D. 8)로부터 1894년에 이르는 기간의 양국
관계를 시대 구분하여 명·청대의 중국과 고려·조선관계는 매우
의례적이며 전형적인 관계가 성립되었다고 하였다. 또한 조공관계
는 경제나 문화적 측면보다는 정치적 요인이 더 중요한 동인이었
으며, 한국으로서는 무엇보다 '굴욕적인 것이었음은 자명하다'고

Vol.6(1941), pp.135~246, reprinted in John K. Fairbank & Ssu-yu Teng, *Ch'ing Administration: Three Studies*(Cambridge, Mass.: Harvard University Press, 1960), pp.107~218; John K. Fairbank(ed.), *The Chinese World Order: Traditional China's Foreign Relations*(Cambridge, Mass: Harvard University Press, 1968). 또한 M. Frederick Nelson, *Korea and the Old Orders in Eastern Asia*(Baton Rouge: Louisiana State University Press, 1945) 도 있다.

6) 대표적인 연구로 Immanuel C.Y. Hsü(徐中約), *China's Entrance into the Family of Nations: The Diplomatic Phase, 1858~1880*(Cambridge, Mass: Harvard University Press, 1960); Mark Mancall, *China at the Center: 300 Years of Foreign Policy*(New York: Free Press, 1984); Key-Hiuk Kim(金基赫), *The Last Phase of the East Asian World Order: Korea, Japan, and the Chinese Empire, 1860~1882*(Berkeley: University of California Press, 1980) 등 이 있다.

7) 비판적인 연구로는 John E. Wills, Jr. *Pepper, Guns, and Parleys: The Dutch East Indian Company and China, 1662~1681*(Cambridge: Harvard University Press, 1974), pp.204~206; idem, *Embassies and Illusions*(Cambridge: Harvard University Press, 1988), Chap.1; Morris Rossabi(ed.), *China among Equals*(Berkeley: University of California Press, 1983); James L. Hevia, *Cherishing Men from Afar*(Durham: Duke University Press, 1995), Chap.1 등을 들 수 있다.

8) 계승범, "조선시대 동아시아질서와 한중관계", 동북아역사재단 편(2009), pp.139~43; 전재성, "'사대' 의 개념사적 연구", 하영선·손열 엮음, 『근대한국의 사회과학개념 형성사 2』(서울: 창비, 2012), pp.47~50; Andre Schmid, "Tributary Relations and the Qing-Choson Frontier on Mount Paektu", Diana Lary(ed.), *The Chinese State at the Borders*(Bancouver: UBC Press, 2007), pp.128~31: Joanna Waley-Cohen, "The New Qing History", *Radical History Review*, Issue 88(Winter 2004), pp.193~206 등 참조.

지적하였다. 그러면서 청과의 관계에서 경제적 차원에서는 조선에게 매우 불리하였다고 주장하고 있다.9) 그러나 윤영인은 조공제도라는 지극히 관념적인 틀이 근대이전 동북아국제관계사를 이해하는 해석의 틀로서는 한계가 있다면서 비판하고 있다. 또한 조선이 명조에 대해 사대정책을 취한 것도 성리학 수용 때문이 아니라 지정학적 환경이 변했기 때문이라면서, 기본적으로 현실주의와 실용주의 원칙에 따라 대외정책을 추진하였다고 주장하고 있다.10)

최근에도 유교문명권의 국제관계에 대해 국내는 물론 중국과 일본, 서양 등 국내외학계에서 적지 않은 연구가 이루어지고 있으며,11) 특히 국제정치이론을 적용하거나 지역공동체와 연계하려는 시도까지 등장하고 있다.12)

기존 연구에서 많은 성과들이 이루어지고는 있으나, 문제점이

---

9) 전해종, 『한중관계사연구』(서울: 일조각, 1970), 제Ⅱ편. 또한 김한규, 『천하국가』(서울: 소나무, 2005) 등 참조.

10) Peter I. Yun, "Rethinking the Tribute System: Korean States and Northeast Asian Interstate Relations, 600~1600", Ph. D. diss., University of California, Los Angeles, 1998; 피터 윤(윤영인), "서구학계 조공제도이론의 중국중심적 문화론 비판", 『아세아연구』 제45권 3호(2002), pp.269~86.

11) 최근 연구로는 전재성, 『동아시아국제정치: 역사에서 이론으로』(서울: 동아시아연구원, 2011), 4~5장; Takeshi Hamashita(濱下武志), China, East Asia and the Global Economy, ed. by Linda Grove & Mark Selden(London: Routledge, 2008); Anthony Reid & Zheng Yangwen(eds.), Negotiating Asymmetry: China's Place in Asia(Honolulu: University of Hawai'i Press, 2009); David C. Kang(康燦雄), East Asia before the West: Five Centuries of Trade and Tribute(New York: Columbia University Press, 2010) 등이 대표적이다. 기존 연구성과를 소개 평가하는 저술로 국내에서는 동북아역사재단(편), 『한중일학계의 한중관계사 연구와 쟁점』(서울: 동북아역사재단, 2009), 일본에서는 모모키 시로 엮음, 『해역아시아사 연구입문』(2008), 최연식 옮김(서울: 민속원, 2012) 등이 있다. 한편 학술지인 『세계정치』 제30집 2호(서울대 국제문제연구소, 2009)는 '동아시아 전통지역질서'라는 특집호이고, The Journal of American-East Asian Relations, Vol.16, Nos.1-2(2009)과 Journal of East Asian Studies, Vol.13, Issue2(2013)도 각각 이 주제에 관한 특집을 실었다. 또한 최연식, "조공체제의 변동과 조선시대 중화-사대관념의 굴절: 변화 속의 지속", 『한국정치학회보』 41집 1호(2007), pp.101~19; 김성규, "미국 및 일본에서 '전통중국의 세계질서'에 관한 연구사와 그 특징비교", 『역사문화연구』 32집(2009), pp.147~74; 김진웅, "조공제도에 관한 서구학계의 해석 검토", 『역사교육논집』 50집(2013), pp.409~28 참조.

12) 남궁곤, "동아시아 전통적 국제질서의 구성주의적 이해", 『국제정치논총』 제43집 4호(2003), pp.7~27; 周方銀·高程(編), 『東亞秩序: 觀念, 制度与戰略』(북경: 사회과학문헌출판사, 2012) 등 참조.

없다고 보기는 어렵다. 무엇보다 기본시각에서 외국학자들은 물론 국내학자들도 서구적 시각에서 접근하고 있다는 느낌이다. 이미 이용희는 "왕왕 우리는 과거의 선인의 행적을 자주적으로 비판한 다 하면서, 과거의 체제와는 수화(水火)의 관계에 있는 유럽의 가치관과 입장에 서서 보는 일이 많지 않을까…"13)라고 지적하였는데, 이러한 문제점은 여전하다고 보여진다. 조동일도 "국가주의를 위해서 봉사하는 것을 최대의 명예로 여기는 근대의 학문 범위"를 벗어나 "근대인의 편견을 시정하고 세계사의 중세를 정당하게 인식하는 연구를 수행해야" 한다고 역설하였다.14) 나아가 그는 페어뱅크가 편찬한 책이 무엇보다 외교관계의 실제상황 측면에서만 다루고 정신문화적 의의를 밝혀 고찰하는 작업은 하지 못하였으며, 또한 책봉·조공관계의 전형이라 할 명대를 고찰대상으로 삼지 않았고, 뿐만 아니라 다른 문명권과의 비교를 하지 않았다고 비판하였다.15) 이들 모두 역사적 맥락에서 접근해야 하며, 무엇보다 중세문명의 특징을 제대로 이해할 필요가 있음을 강조하고 있다. 따라서 전통시대 동아시아국제관계의 실상을 제대로 보려면 실제상황과 함께, 그에 못지않게 정신문화적 측면의 이해가 중요함은 물론이다. 즉 유교사상 특히 예규범의 차원에서 접근하는 것이 핵심적인 선행과제라 할 수 있다. 페어뱅크류의 조공체제론에서 이러한 노력은 제대로 이루어지지 않았을 뿐만 아니라, 수정주의 접근에

---

13) 이용희, "사대주의", 『한국민족주의』, 노재봉(편) (서울: 서문당, 1977), p.171, 이 글은 『지성』, 1972년 2~3월호에 처음 실렸다.

14) 조동일, "책봉체제", 『문명권의 동질성과 이질성』(서울: 지식산업사, 1999a), p.15, 18.

15) 조동일, "연구방향 전환을 위한 구상", 『하나이면서 여럿인 동아시아문학』(서울: 지식산업사, 1999b), p.63.

서의 문제는 더욱 크다고 여겨진다. 후자의 경우 무엇보다 청대를 주 대상으로 하고 있으며, 또한 주로 청조와 몽고·중앙아시아 등 비유교권과의 관계에 치중하고 있다.[16] 그 결과 조공체제가 단순히 상징적인 것일 뿐 현실적으로는 별다른 중요성이 없다거나, 아예 그 존재를 부정하기도 한다.[17]

일반적으로 규범은 행위의 '표준화된 절차'라 할 수 있는데, 사회구성원들에게 특정 행동의 옳고 그름을 밝혀주고 행동의 방향을 제시하여 구체적 행동의 지침을 정해놓은 행동의 규칙이라 하겠다.[18] 국제규범도 국가들이 하는 일을 규제하거나 특정한 동질성을 구성하기도 하며, 이러한 규제적이고 구성적인 두 역할을 동시에 수행하기도 한다.[19] 물론 어느 시대나 사회이든 말과 행동이 일치하지 않는 경우가 많듯이, 국제관계에서도 일련의 규범이 현실에서는 위반되는 경우가 빈번하다.[20] 일찍이 이용희가 지적한 대로 "사대체제에서 말하는 천자의 권위, 상국의 우위론도 허구"이

---

16) 잘 알려져 있듯이 청조는 유목민인 만주족이 세웠던 왕조로, 통치의 필요상 유교를 수용하였지만 정통성 있는 유교왕조로 보기는 어렵다고 하겠다. 청에 대한 최근 연구로는 구범진, 『청나라, 키메라의 제국』(서울: 민음사, 2012) 등이 있다.

17) James L. Hevia, "Tribute, Asymmetry, and Imperial Formations: Rethinking Relations of Power in East Asia", *Journal of American-East Asian Relations* Vol.16, Nos.1-2(2009), pp.69; Yuan-kang Wang, "Explaining the Tribute System: Power, Confucianism, and War in Medieval East Asia," *Journal of East Asian Studies* Vol.13, Issue 2(2013), pp.207~32. 또한 David C. Kang(康燦雄), *East Asia before the West: Five Centuries of Trade and Tribute*(New York: Columbia University Press, 2010), pp.12~13 참조.

18) 이영찬, 『유교사회학의 패러다임과 사회이론』(서울: 예문서원, 2008), p.299.

19) Peter J. Katzenstein, "Introduction: Alternative Perspectives on National Security", in idem(ed.), *The Culture of National Security*(New York: Columbia University Press, 1996), p.5. 또한 신봉수, "동아시아 국제관계와 화이유교규범의 변화", 『세계정치』 제30집 2호(2009), pp.37~60 등 참조.

20) 예컨대 크라스너는 주권규범이 실제와는 괴리가 있다고 지적하면서, 이는 결국 '조직화된 위선 (organized hypocrisy)'이라며 주권원칙의 위선적 측면을 주장하였다. Stephen D. Krasner, *Sovereignty: Organized Hypocrisy*(Princeton: Princeton University Press, 1999), pp.3~9. 박홍서도 동아시아세계질서 또한 현실적으로 엄격히 준수되지 않았다며 '내재화된 위선'이라고 주장하였다. 박홍서, "내재화된 위선?: '중국적 세계질서'의 현실주의적 재해석", 『국제정치논총』 제50집 4호(2000), pp.7~23.

듯이 "세력균형의 국가평등설도 현실에 비춰보면 허구"[21]임은 물론이다. 그러나 국제규범이 실제 행위에서 수시로 위반되더라도, 규범의 정당성 자체는 유지되는 상황이 지속되는 것이 일반적이다.[22] 즉 그 시대의 대다수 사람들이 특정 규범이 타당하고 적절하다고 확신하는 상황이라면, 여전히 정당성(정통성, legitimacy)을 갖고 있다고 하겠다.[23] 잘 알려졌듯이 근대 이후 서구국제관계에서는 주권규범이 보편적 정당성을 확보하고 있으나,[24] 전통시대 동아시아세계질서에서는 이와는 매우 다른 규범이 오히려 정당성을 누렸던 것이다. 즉 근대의 서구국제관계가 기독교의 영향력을 벗어나 주권국가들의 공존을 정당화하면서 무력에 의한 상호견제를 중요시하며 근대국가의 무력중심과 군사주의에 기반을 두고 있는 데 반하여, 유교권의 경우는 사회구조나 국내정치는 물론 국제관계, 즉 군주들 간의 관계에서도 원칙상으로 유교예법의 권위와 명분을 중심으로 신분적 예교관념에 기반하였던 것이다.[25]

전통시대 중국을 중심으로 형성 유지되었던 지역국제사회, 즉 동아시아국제사회는 시대에 따라 지리적 범위나 구체적 양상에서 다양한 변동이 있기도 하였음은 물론이나, 대체로 북방유목민이나 중앙아시아지역 나아가 동남아국가들까지 아우르기도 하였다. 그

---

21) 이용희, "사대주의", 『한국민족주의』, 노재봉(편) (서울: 서문당, 1977), pp.169~70.

22) 전재성, 『동아시아국제정치: 역사에서 이론으로』(서울: 동아시아연구원, 2011), p.52.

23) 국제관계에서의 정당성에 대해서는 Adam Watson, *The Evolution of International Society*(London: Routledge, 1992), pp.130~31; Ian Clark, *Legitimacy In International Society*(Oxford: Oxford University Press, 2005) 등 참조.

24) 주권에 관한 최근 연구로는 박상섭, 『국가·주권』(서울: 소화, 2008); Robert Jackson, *Sovereignty: Evolution of an Idea*(Cambridge: Polity, 2007) 등이 있다. 한편 서구사회에서 국가평등 관념이 등장한 것은 18세기 중반에 이르러서였다. Hedley Bull and Adam Watson(eds.), *The Expansion of International Society*(Oxford: Clarendon Press, 1984), p.7.

25) 이용희(1977), pp.168~70.

러나 그 핵심적 구성 국가는 중국과 함께 유교와 한자를 공유하였던 한국·유구·월남과 일본 즉 유교문명권이 핵심지역이었음은 물론이다.[26] 유교문명권은 물론 중국이 주도적인 역할을 하였지만 여타 구성국들 모두의 참여로 이루어졌으며, 이들 '나라'는 각각 별개의 역사공동체를 형성하여 독자적인 역사를 전개하면서 동시에 다른 '나라'들과 더불어 동아시아'세계'라는 한 차원 높은 역사공동체를 형성하여 공동의 운명과 문화를 서로 나누었던 것이다.[27] 즉 유교문명의 공통성·보편성과 이질성·독자성을 공유하면서, '하나이면서 여럿'인 세계였음을 유의해야 한다.[28]

이 글에서는 전통시대 동아시아국제관계를 유교사상 특히 예규범을 중심으로 살펴보고자 한다. 이를 위해 기존의 국가중심보다는 문명권 차원에서, 근현대적 시각보다는 중세적 시각에서 나아가 역사적 맥락에서 접근해 보고자 한다. 우선 Ⅱ에서는 유교사상에서의 천과 도·리, 그리고 예규범에 대해 살펴보려 한다. 예의 중요성을 재확인하고, 이를 바탕으로 Ⅲ에서는 '사대자소'의 문제를 '예'라는 차원에서 접근하고자 한다. 전통시대 중국과 그 주변국들이 사대문제를 어떻게 인식하였는지를 알아본 후, Ⅳ에서는 책봉·조공과 관련한 예규범을 살펴봄으로써, 책봉·조공제도가 단순히 기능적이거나 상징적인 것을 넘어 정체성 내지 존재이유와 다름없는 '유교예치질서'[29]의 일부분이었음을 밝혀보고자 한다.

---

26) 1831년 월남사절로서 청나라에 갔던 李文馥은 '동문의 나라', 곧 '華'의 범위에 중국과 월남 그리고 조선, 일본, 유구 다섯 나라를 들고 있다[天地間同文之國者五 中州我粤朝鮮日本琉球亦其次也], 최귀묵, "월남의 중국 사행문헌 자료개관 및 연구동향 점검", 『대동한문학』 34집(2011), pp.144~45.

27) 김한규, "전통시대 중국 중심의 동아시아세계질서", 『역사비평』 통권 50호(2000), p.283.

28) 조동일, 『하나이면서 여럿인 동아시아문학』(서울: 지식산업사, 1999b); 山室信一, 『여럿이며 하나인 아시아』, 임성모 옮김(서울: 창비, 2003) 등 참조.

II. 유교문명권에서의 예규범

중세의 최대 특징은 씨족적이며 신화적 정치사상과 지역국가적 특성이 강조되던 고대나 또는 특수적이며 국가주의적인 근대와는 다르게, 하나의 보편종교가 각 문명권을 독점하였으며 따라서 보편적이고 초국가적인 권위가 동시에 개별 국가의 정치를 정당화하는 정치권위로서 관념되었다는 사실이다. 이는 무엇보다 중세의 각 문명권에서 초국가적 문명권의식이 탄생하였고, 또한 하나의 통일제국이 등장하였기 때문이다. 즉 세계국가의 출현과 이를 정당화하는 유일한 국교의 등장으로 말미암아 고대는 사라지고, 새로운 역사의 전환이 이루어지게 되었다.[30] 구체적으로 중세 유럽에서는 단일한 기독교세계의 단일한 제국이라는 관념이 지배하여, 제국은 명분상 '신의(神意)'에 의한 보편적인 정치체로 존재하였으며, 사실상의 지배가 어떠하든 간에 그 보편성과 통치의 명분은 유지되었던 것이다.[31] 이슬람권이나 유교권에서도 압도적으로 강대한 국가가 그 권역의 중심이 되어 정치적으로나 문화적으로나 중심세력으로 군림하였다. 이에 따라 이러한 단일한 중심세력의 존재를 관념적으로도 정당시하여, 통치의 정통사상을 낳게 하였다.

---

29) 이를 홍콩학자 황지련은 '천조예치체계(天朝禮治體系)'라 부르고 있다. 黃枝連, 『天朝禮治體系研究 (上・中・下卷)』(북경: 중국인민대학출판사, 1992, 94, 95). 한편 일본은 유교문명권에서 처음으로 이탈하였는데, '탈아입구'를 주장한 福澤諭吉은 인의예지는 "外見의 虛飾"에 지나지 않으니 버려야 하고 고래의 구습에 사로잡혀 있는 조선과 중국 두 "惡友를 사절"해야 한다고 주장하여, 유교문명의 내용을 부정하고 나아가 문명권의 외연을 파괴하였다. 조동일, 『세계・지방화시대의 한국학 6: 비교연구의 방법』(대구: 계명대학교출판부, 2007), p.391.

30) 이용희, 『정치와 정치사상』(서울: 일조각, 1958), 2편 1~2부. 조동일(1999a)도 고대는 자기중심주의, 중세는 보편주의, 근대는 민족주의가 그 특징이라 지적하였다.

31) 이용희, 『일반국제정치학(상)』(서울 : 박영사, 1962), p.113, 270, 280.

물론 역사적 현실에서는 이러한 단일하고 압도적인 중심세력이 붕괴하여 상하위계적인 국제질서가 혼란에 빠지는 경우가 빈번하게 발생하기도 하였다. 그러나 그러한 분열 시기는 시간적으로 보더라도 안정시기에 비할 바가 못 되었으며, 그보다 더 중요한 것은 인간들의 관념 속에서도 그러한 분열시대가 이례적이며 과도적이며 비정상적인 것으로 간주되었다는 사실이다.[32]

또한 근대이전에는 정치의 목적이 각 문명권에서 이상적으로 여겨졌던 즉 덕성스러운 인간을 만드는 것이었으며, 국가의 목적도 윤리적·종교적 또는 형이상학적인 목적을 추구하는 것이었다.[33] 뿐만 아니라 중세 유럽에서도 주권국가들이 등장한 근대와는 달리, 공적인 것과 사적인 분야 그리고 국내적인 것과 국제적인 분야가 명확하게 구분되지 않았다.[34] 따라서 중세 유럽에서 군주의 최대 의무는 '신의 평화' 내지 기독교공동체의 평화와 안전을 유지하는 것이었으며,[35] 아직 '국가이익' 개념은 등장하지 않았던 것이다. 즉 영토를 기반으로 하는 근대 주권국가의 성장과 함께 '국가이성주의(Raison d'État)'에 기반한 '국가이익' 관념이 등장하게 되었다.[36] 뿐만 아니라 중세의 법은 만드는(made) 것이라기보다는 발견

---

32) 이용희(1962), p.113.

33) 강정인·엄관용, 『군주론』(파주: 살림, 2005), 2장; Mark V. Kauppi & Paul R. Viotti, *The Global Philosophers* (New York: Lexington Book, 1992), p.152. 정치관념에 관하여는 이용희(1962), pp.48~50 참조.

34) John Gerard Ruggie, *Constructing the World Politics*(London: Routledge, 1998), pp.145~47, 179~84; Hendrik Spruyt, *The Sovereign State and Its Competitors*(Princeton: Princeton University Press, 1994), Chap.3; Benno Teschke, *The Myth of 1648*(London: Verso, 2003), pp.65~67.

35) 이용희(1962), pp.120~23; W. 울만, 『서양중세 정치사상사』, 박은구·이희만 옮김(서울: 숭실대학교 출판부, 2000), p.60, 150; Garrett Mattingly, *Renaissance Diplomacy*(Boston: Houghton Mifflin, 1955), pp.48~51, 109~18; Robert Jackson, *Sovereignty*(Cambridge: Polity, 2007), pp.33~38 등 참조.

36) 이용희(1962), pp.119~20, 123~24; 프리드리히 마이네케, 『국가권력의 이념사』, 이광주 옮김(서울: 민음사, 1990), 서론; Kauppi & Viotti(1992), pp.128, 139; Rodney Bruce Hall, *National Collective*

되는(found)[37] 즉 신에 의해 주어진(given) 것이었다. 이슬람권에서도 절대신의 법(Shari'a)이 국가보다 우선하며, 이슬람의 유지가 바로 국가의 기능이었다. 즉 정부의 제1차적 목적은 국가보다는 신앙의 방어와 보호였다.[38] 이슬람법도 절대신이 만든 것으로, 인간은 다만 이를 확인·해석·정리·설명해내는 것이 주 임무일 뿐이었다.[39]

이와 같은 중세적 특징은 대체로 유교문명권에서도 그대로 나타난다고 하겠다.

1. 천과 도(道)·리(理)

농경문화를 기반으로 한 유교문명권에서는 무엇보다 천(天), 즉 '자연'을 우주만물의 원천으로 설정하여, 그것을 궁극적인 준거로 인생의 모든 길[道]을 설정하였다.[40] 즉 '인간'은 이미 완성되어 있는 존재인 천지의 덕을 본받고 따르지 않으면 안 된다고 여겼다. 따라서 인간이 이상으로 삼는 세계는 하늘[지과 땅[地]과 사람[人]이 함께 만들어 나가는 세계이며, 이를 위해서는 위로 하늘의 도[天道]·리[天理]를 이어받고 아래로 만물의 정(情)을 살펴 얻어 그러한 능력을 갖춘 훌륭한 사람[聖人]이 되도록 노력해야 한다고 하였다. 한마디로 '내성외왕'·'수기치인'을 이상으로 삼고, 자신을

Identity(New York: Columbia University Press, 1999), Chap.4.

37) George H. Sabine, *A History of Political Theory*, 4th ed.(Hinsdale, Ill: Dryden Press, 1973), pp.196~99.

38) Ann K.S. Lambton, 『중세 이슬람의 국가와 정부』, 김정위 옮김(서울: 민음사, 1992), 서론, 2장; 손주영, 『칼리파制史』(서울: 민음사, 1997), p.393 등 참조.

39) 손주영(1997), pp.29~30.

40) 김충열, 『중국철학사』(서울: 예문서원, 1994), pp.58~60.

비롯하여 가정·국가·천하 모두가 함께 이상적 경지를 추구해나가는 것이 유교의 기본적 특성이었다.[41]

『중용』1장에서는 "하늘이 명하신 것을 성(性)이라 일컫고, 이 성을 따르는 것을 도라 일컫는다"면서 "도라는 것은 잠시도 떠날 수 없는 것이니, 떠날 수 있으면 도가 아니다"라 하였는데, 주희는 도를 "날마다 일이나 사물마다 마땅히 행하여야 할 이치[理]"라면서, 마음에 갖추어져 있어 사물마다 있지 않음이 없고 때마다 그렇지 않음이 없어 잠시도 떠날 수 없는 것이라 해석하였다.[42] 한대의 동중서는 "도의 위대한 근원은 하늘에서 나온다. 하늘은 변하지 않고 도 역시 변하지 않는다"[43]고 하였으며, 주희도 이러한 견해를 계승하고 있다.[44] 일찍이 관중도 "하늘은 자신의 본래 법칙을 바꾸지 않는다"[45]고 하였으며, 북송의 사마광은 "천지는 여전하며 일월은 변함이 없으며 만물은 마찬가지며 본성은 옛날과 다름없는데, 어찌 도만 변할 리가 있겠는가?"[46]라며 도의 불변성을 강조하였다. 청 말의 왕도(王韜)는 "만세토록 변하지 않는 도는 공자의 도"라 하였고, 정관응도 "도는 근본이다.… 도는 변하지 않는다"고

---

41) 김충열(1994), pp.68~75. 또한 김능근, 『유교의 천사상』(서울: 숭실대학교출판부, 1988); 풍우, 『동양의 자연과 인간 이해: 중국의 천인관계론』, 김갑수 옮김(서울: 논형, 2008); 溝口雄三, 『개념과 시대로 읽는 중국사상 명강의』, 최진석 옮김(서울: 소나무, 2004) 등 참조. 한편 유럽에서도 중세에는 신이 자연법칙과 인간의 정치세계·사회질서까지도 절대적으로 지배하였으나, 근대가 되면서 신과 인간이 분리되어 신의 영역은 인간 내면의 도덕적인 부분에만 국한되어가는 이른바 세속화(secularization) 과정으로 나아갔음은 잘 알려진 사실이다.

42) 『중용』1장 주.

43) 『漢書』권56, 董仲舒傳, 頁2518~19: 道之大原出於天 天不變, 道亦不變.

44) 『중용』1장 주.

45) 『관자』형세편: 天不變其常.

46) 『司馬溫公文集』권74, 朱日耀, 『전통중국정치사상사』, 정귀화 옮김(부산: 신지서원, 1999), p.430 재인용.

하였다.47)

이러한 관념은 조선에서도 마찬가지였다. 예컨대 정도전은 "도의 위대한 근원은 하늘에서 나온다"며, 도는 사물마다 존재하며 어느 때나 그러하다고 하였다.48) 또한 중종 연간에도 "도의 위대한 근원은 하늘에서 나와 마음에 갖추어지고 만사에 흩어지니, 천지를 통하여 한 가지 원리이고 만물을 통틀어 한 가지 본체"49)라 하였다. 이처럼 도는 우주만물의 최고 주재자인 천으로부터 유래하였기에, 절대성과 불변성 및 편재성을 구비한 것이었음을 알 수 있다.

그리하여 순자는 "도가 있으면 나라가 존재하고 도가 없어지면 나라가 망한다"50)고 하였고, 맹자도 "하늘의 뜻에 따르는 자는 생존하고 거슬리는 자는 망한다"51)라고 하였다. 조선에서도 "나라는 망할 수 있어도 의리는 망할 수 없다"52), "하늘의 이치를 거스르면 반드시 망한다"53), "나라는 망해도 도는 망하지 아니 한다"54)고 여겼던 것이다.55) 이와 같이 유교문명권에서 천이나 도는 인간세상의 존망과도 직결되며, 따라서 나라보다 더 근본적인 것으로 보았던 것이다. 나아가 인간사회의 모든 제도는 전적으로 '천도'를 본받아 만든 것이라 여겼던 것이다. 예컨대 『주례』에서는 천지와

---

47) 李宗桂, 『文化批判與文化重構』(서안: 섬서인민출판사, 1992), p.76.

48) 『三峰集』 권9, 佛氏雜辨 佛氏昧於道器之辨, 頁9.

49) 『조선중종실록』 권95, 36년 4월 2일 무오. 또한 37년 11월 12일 무오; 38년 11월 1일 신축 등 참조.

50) 『순자』 군도: 道存則國存 道亡則國亡.

51) 『맹자』 이루 상, 7장: 順天者存 逆天者亡.

52) 『조선선조실록』 권66, 28년 8월 23일 계해: 國可亡 義理不可亡.

53) 『조선고종실록』 권3, 3년 9월 11일 정묘: 逆天理者必亡.

54) 劉秉憲, 『晩松集附』 郭鍾錫疏: 國可亡 道不可亡. 총성의, 『근대한국 지식인의 대외인식』(서울: 성신여자대학교출판부, 2000), p.219 재인용.

55) 권선홍, 『전통시대 동아시아국제관계』(부산: 부산외국어대학교출판부, 2004), pp.192~95, 222~24.

춘하추동 사계절의 순서에 따라 국가의 예의와 정무를 관장하는 천·지·춘·하·추·동관의 육관(六官)을 두었다.

한편 리는 본래 "옥을 다듬는 것"에서 시작하여, 선진시대에는 도덕의 준칙으로 의미가 확대되었으며, 송대 성리학에 의해 천지만물의 최고 근원으로서 우주자연의 최고 본체이자 인륜도덕의 최고 준칙으로 간주되어 그 근본성과 보편성이 한층 강조되었다.[56]

널리 알려진 대로 주나라가 건국되면서 혈연에 기반하고 윤리도덕을 중시하는 종법제도와 함께, 이에 근거하여 정치적인 분봉제도가 만들어져 시행되었다. 종법의 특징은 무엇보다 혈연관계에 의한 '친함과 소원함의 차등[親疎之殺]'을 바탕으로 조직되었으며, 분봉의 특징은 '존귀함과 어짐의 차등[尊賢之等]'을 근거로 영위되었다. 예컨대 가정에는 부모형제 등의 위계가 있고, 사회에도 장유존비 등의 차등이 있으며, 국가 차원에도 상하 귀천 등의 분별이 있었다. 즉 주나라 왕과 각 제후들 간에는 정치적으로 상하 군신관계가 성립하고 그에 상응하는 권한과 책무가 주어졌으며, 아울러 종법 상으로는 대종과 소종의 관계였다. 따라서 주나라 왕은 천하의 최고 통치자 곧 천하공주(天下共主)였으며, 동시에 주 왕실 대가족의 족장인 천하의 대종(大宗)이었다.[57] 이와 같이 천자-제후-경대부-사에 이르는 위계 구조와 질서가 이루어졌으며, 이는 천자가 다스리는 천하(天下)와 제후가 다스리는 국(國) 그리고 경대부가 다스리는 가(家) 사이에서도 마찬가지였다.[58] 피라미드형의 통

---

56) 張岱年,『中國古典哲學槪念範疇要論』(북경: 중국사회과학출판사, 1989), pp.39~47; 張立文(編),『리의 철학』, 안유경 옮김(서울: 예문서원, 2004) 등 참조.

57) 김충열(1994), 3장 2절; 이춘식,『중국고대의 역사와 문화』(서울: 신서원, 2007), 2장 2절; 楊寬,『西周史』(상해: 상해인민출판사, 2003), 3편 등 참조.

치구조 즉 위계적이며 상하등급적인 종법 분봉제도를 제대로 이끌어 나가기 위하여, 주공(周公)을 비롯한 주나라 위정자들은 이른바 예악을 만들었던[制禮作樂] 것이다.

한마디로 유교사상에서 도와 리는 우주만물의 궁극적 본체이자 인륜도덕의 최고 준칙이었던 것이다.59) 그러나 도나 리는 추상적인 것이었던 만큼, 현실의 인간세계에서는 구체적인 예규범으로 구현되어져야만 하였다.

2. 예의 기원과 내용

예는 유교문명의 핵심,60) 관건,61) 또는 근본특징62)이라 평가되며, 매우 포괄적이고 복합적인 개념이다. 우선 예의 기원에 대해서는 많은 학자들이 주장하듯이, 신에 대한 제사행위에서 비롯되었다고 보고 있다. '예(禮)'라는 글자 자체가 복사나 금문에서 제기에 제물을 올려놓은 형상 곧 신을 뜻하는 '기(示)'와 제기를 상형한 '풍(豊)'으로 구성되어 있다는 사실에서도 이를 확인할 수 있다.63)

---

58) 김한규, 『천하국가』(서울: 소나무, 2005), pp.47~48; 陳劍峰, 『文化与東亞・西歐國際秩序』(상해: 상해대학출판사, 2004), pp.31~35. 또한 이용희(1977); 趙汀陽, 『天下體系』(남경: 강소교육 출판사, 2005) 등 참조.

59) 張立文 (編), 『道』, 권호 옮김(서울: 동문선, 1995); 張立文(2004) 등 참조.

60) 陳來, 『古代思想文化的世界』(북경: 삼련서점, 2002), 7장; 彭林, 『中國古代禮儀文明』(북경: 중화서국, 2004), 1장; 甘懷眞, 『皇權,禮儀与經典詮釋』(상해: 화동사범대학출판사, 2008), pp.3~9 등 참조.

61) 박종천, 『다산 정약용의 의례이론』(서울: 신구문화사, 2008), 제1장.

62) 鄒昌林, 『中國禮文化』(북경: 사회과학출판사, 2000), pp.12~14.

63) 한대 허신이 편찬한 『설문해자』에서도 예는 "(절차를) 밟는다[履]"는 것이고, "신을 섬겨 복을 불러오는 것[所以事神致福也]" 이라고 풀이하였다. 예에 대해서는 전세영 외, 『禮樂교화사상과 한국의 윤리적 과제』(성남: 한국정신문화연구원, 1995; 한형조 외, 『전통 예교와 시민윤리』(화성: 청계, 2002); 한도현 외, 『유교의 예와 현대적 해석』(서울: 청계, 2004); 김상준 외, 『유교의 예치이념과 조선』(고양: 청계, 2007); 박종천, 『예, 3천 년 동양을 지배하다』(파주: 글항아리, 2011); 楊志剛, 『中國

예에 대한 대표적 경전인 『예기』에서 다음과 같이 언급하고 있다.

무릇 예란 선왕이 하늘의 도(道)를 받들어서 사람의 정(情)을 다스리는 것이다. 그러므로 (예를) 잃는 자는 죽게 되고, (예를) 얻는 자는 살게 된다.… 이 때문에 무릇 예는 반드시 하늘에서 근본하고 땅에서 본받으며 귀신에게 펼쳐서 상례(喪) 제례(祭) 활쏘기(射) 말타기(御) 관례(冠) 혼례(婚) 조례(朝) 빙례(聘)에 이르는 것이다. 그러므로 성인(聖人)이 예로써 그것을 보여주기 때문에 천하(天下) 국(國) 가(家) 모두 바르게 되는 것이다.[64]

예란 사람의 정에 의거하되 그것을 절도 있게 정형화하여[節文] 백성들의 (무례한 행동을 막는) 제방[防]으로 삼는 것이다.[65]

무릇 예는 관례(冠禮)에서 시작하여, 혼례(昏禮)에 근본을 두고, 상례(喪禮)와 제례(祭禮)로 융중하게 하고, 조례(朝禮)와 빙례(聘禮)로 존경하게 하고, 사례(射禮)와 향음주례(鄕飮酒禮)로 화목하게 한다.[66]

이처럼 예는 하늘의 도를 모델로 삼아 인정을 다스림으로써 천하·국·가 등 크고 작은 공동체의 질서를 바로잡아 사회정치적 통합을 이루는 도구였던 것이다.[67]

제사행위에서 비롯된 예는 주나라 초기에 도덕적인 인문사상이 대두하면서 객관적인 행위규범으로 발전하였고, 또한 정치질서에

禮儀制度硏究』(상해: 화동사범대학출판사, 2001); 鄒昌林, 『中國禮文化』(북경: 사회과학출판사, 2000); 陳戌國, 『中國禮制史(先秦卷)』(長沙: 호남교육출판사, 2002); 勾承益., 『先秦禮學』(성도: 파촉서사, 2002) 등 참조.

64) 『예기』 예운.

65) 『예기』 방기.

66) 『예기』 혼의(昏義).

67) 박종천(2008), 제1~2장.

필요한 각종 제도 등 인간세상의 모든 영역을 망라하게 되었다.68)
『주례』 춘관에서는 예를 길·흉·빈·군·가례의 오례(五禮)로 구
분하였는데, 그 중 빈례는 제후들이 주나라 왕을 알현하거나 제후
들 사이에 빙문하거나 또는 동맹을 맺을 때 따르는 예절이었다. 즉
『주례』에서 "빈례(賓禮)로써 서로 친근하게 하며…"69)라 하였다.
한편 『의례』는 17편으로 이루어졌는데, 그중 14번째 빙례는 제후
국 사이에 사절을 주고받는 것으로 제후들 간의 외교예절을 기록
하고 있으며, 16번째 근례는 제후가 천자를 알현하는 예절이었
다.70) 전통적으로 예는 왕조적 차원에서 길·흉·군·빈·가례의
오례로 분류되기도 하고, 평생의례 차원에서 관·혼·상·제례의
사례로 나뉘기도 하며, 의례주체의 계급·지위에 따라 천자·제후·
대부·사·서인의 예 등으로 구분되기도 한다. 이처럼 예는 개인
적 차원에서 국가적 차원 나아가 국제적 차원까지 다양한 영역을
포괄하며, 아울러 정치사회적 위계질서에 따른 다양한 차별적 양
상을 지니고 있다.71)

한편 예의 실제적용에서는 상황에 따라 적합함을 취해야 한다고
하였다. 일찍이 주자는 세상일에는 상변이 있고 그 대처 방법에도
원칙과 변칙이 있다고 하였다.

신은 세상의 일에는 변하지 않는 것[常]과 변하는 것[變]이 있어서, 일
에 대처하는 방법에도 원칙[經]과 변칙[權]이 있다고 들었습니다. 임금과

---

68) 김충열(1994), pp.352~53; 甘懷眞(2008), pp.3~14.

69) 『주례』 춘관 大宗伯.

70) 王琦珍, 『중국, 예로 읽는 봉건의 역사』, 김응엽 옮김(서울: 예문서원, 1999), pp.22~28.

71) 박종천(2008), p.55. 또한 楊志剛(2001); 彭林(2004) 등 참조.

유교문명권의 국제규범 25

신하, 아비와 자식은 지위가 정해져 있어서 바꿀 수 없는 것이니, 세상의 일 가운데 변하지 않는 것입니다. 임금은 명령하고 신하는 실행하며, 아비는 물려주고 자식은 이어받는 것은 도의 원칙입니다. 일이 잘못되어 그 상도대로 다 이루어지지 않을 경우 변이라고 말합니다. 그리고 거기에 대처하는 방법 역시 모두 원칙대로만 할 수 없습니다. 이렇게 되면 그것은 변칙이라고 말합니다.[72]

이처럼 예에는 변치 않는 근본원칙과 상황에 따르는 임시방편이 있었던 것이다. 따라서 국가 간에 적용되는 예규범 역시 근본원칙이라는 일정한 한계 내에서 행해야 하는 것이었지만, 상당한 융통성이 이미 내재되어 있었다고 하겠다.

3. 예의 기능과 의의

예의 기능을 살펴보면, 우선 개인적 차원에서는 인격수양과 자아실현을 하게 하고, 사회 · 국가적으로는 상하 위계적이지만 조화로운 질서를 형성 · 유지하게 하는 데 있었다.[73] 즉 예는 "몸의 근간"[74], "사람의 근간으로, 예가 없으면 스스로 설 수 없다"[75]고 하였다. 이는 공자가 "예를 배우지 않으면 스스로 설 수 없다"[76]는 말과 같으며, 예를 배워서 지켜나가는 것은 개개인이 사회 생활하는 데 매우 당연하고 필수적이었음을 알 수 있다. 또한 공자는 "예

---

72) 주자대전 번역연구단 옮김, 『주자대전 3』(전남대학교 철학교육연구센터 · 대구한의대 국제문화연구소, 2010), pp.318~19.

73) 남상호, 『육경과 공자인학』(서울: 예문서원, 2003), pp.120~27 등 참조.

74) 『춘추좌전』 성공 13년 봄: 身之幹.

75) 『춘추좌전』 소공 7년 9월: 人之幹… 無禮, 無以立.

76) 『논어』 계씨 13장: 不學禮, 無以立. 또한 같은 책 요왈편 3장에도 비슷한 말이 있다.

가 아니면 보지도 말고, 예가 아니면 듣지도 말고, 예가 아니면 말하지도 말고, 예가 아니면 움직이지도 말라"77)며, 예의 중요성과 그 포괄성을 강조하였다. 맹자 역시 "예가 아닌 일은 하지 않는다"78)고 하였고, 순자도 "예란 몸을 바르게 해주는 것"79)이라 하였다.

다음으로 예는 개개인이 지켜야 할 규범일 뿐 아니라, 국가의 통치질서이기도 하였다. 『춘추좌전』에서는 예가 "국가의 근간"80), "왕이 지켜야 할 근본 규범"81), "백성을 바르게 다스리는 것"82)이라 하였다. 즉 예는 "국가를 다스리고 사직을 안정시키고 백성들을 질서 지으며 후대를 이롭게 하는 것"83)이며, "국가를 지키고 정령을 이행하고 백성을 잃지 않게 하는 것"84)이라 하였다. 한편『예기』에서도 "도덕과 인의는 예가 아니면 이루어지지 않고, 백성을 교화하고 풍속을 바로잡는 일도 예가 아니면 완전무결할 수 없다. 분쟁과 소송도 예가 아니면 해결되지 않으며, 군신·상하·부자·형제관계관계도 예가 아니면 확정되지 않는다"85)고 하였다. 순자 역시 "사람은 예가 없으면 살지 못하고, 일도 예가 없으면 이루어지지 않고, 국가도 예가 없으면 평안하지 못하다"86), "천하가 예를 따르

---

77) 『논어』 안연 1장: 非禮勿視 非禮勿聽 非禮勿言 非禮勿動.

78) 『맹자』 이루 하, 28장: 非禮無行也. 또한 같은 책, 이루 하편, 6장에서도 유사한 말이 있다.

79) 『순자』 수신: 禮者所以正身也.

80) 『춘추좌전』 희공 11년 봄: 國之幹. 또한 같은 책, 양공 30년 7월.

81) 『춘추좌전』 소공 15년 12월: 王之大經.

82) 『춘추좌전』 장공 23년 여름: 所以整民.

83) 『춘추좌전』 은공 11년 8월.

84) 『춘추좌전』 소공 5년 1월.

85) 『예기』 곡례 상.

86) 『순자』 수신: 人無禮則不生, 事無禮則不成 國家無禮則不寧. 또한 같은 책 대략(大略) 참조.

면 다스려지나 예를 따르지 않으면 혼란에 빠지며, 예를 따르면 안전하나 예를 따르지 않으면 위험하며, 예를 따르면 생존하나 예를 따르지 않으면 멸망한다.… 예란 인도의 극치"87)라며, 예의 중요성을 강조하였다.

이처럼 예는 기본적으로 상하존비귀천 친소원근 등에 따라 차등을 두고 분별하는 기능을 하였다. 구체적으로 예는 "친소를 정해주고 혐의를 결정해주며, 같고 다른 것을 분별해주고 옳고 그른 것을 밝혀주는 것"88)이며, "상하를 정하고 혐의를 분별하는 것"89)이었다. 공자는 "예가 아니면 군신 상하 장유의 지위를 분별할 수 없고, 예가 아니면 남녀 부자 형제의 친근함에 따른 친소관계를 구별할 수 없다"90)고 하였다. 순자도 "예란 귀한 사람과 천한 사람 사이에 등급이 있고 어른과 아이 사이에 차별이 있으며 가난한 사람과 부자인 사람 및 낮은 사람과 높은 사람 사이에 모두 차례가 있는 것이다"91)라 하였고, 관중 역시 "상하의 예의가 있고 귀천의 본분이 있고 장유의 차서가 있고 빈부의 절도가 있으니, 이 8가지가 예의 준칙이다"92)라고 하였다. 『예기』에서는 "천지의 질서이다.… 질서가 있기 때문에 천지만물에 모두 구별이 있다"93)고 하였으며, 『춘추좌전』에서도 "상하 간의 기강"94)이라 하였다.

---

87) 『순자』 예론: 天下從之者治 不從者亂. 從之者安 不從者危. 從之者存 不從者亡. … 禮者人道之極也.

88) 『예기』 곡례 상: 所以定親疎 決嫌疑 別同異 明是非.

89) 『與猶堂全書』, 2집 권16, 38면, 논어고금주: 所以定上下 別嫌疑, 금장태, 『仁과 禮: 다산의 『논어』 해석』(서울: 서울대학교출판부, 2006), p.159에서 재인용.

90) 『예기』 애공문: 非禮無以辨君臣上下長幼之位也, 非禮無以別男女父子兄弟之親.

91) 『순자』 부국 및 예론: 禮者, 貴賤有等 長幼有差 貧富輕重皆有稱者也.

92) 『관자』 오보(五輔): 上下有義 貴賤有分 長幼有等 貧富有度 凡此八者 禮之經也.

93) 『예기』 악기: 天地之序… 序, 故群物皆別.

송대 성리학이 등장하면서 기존 유교의 삼강오륜 등 윤리원칙과 철학적 본체론은 '천리'라는 개념 속에 통합되기에 이르렀다.[95] 즉 '우주의 자연법칙'과 '인간의 도덕법칙'이 일체화되었고, 더 나아가 물질적인 기(氣)와 법칙적인 리(理)라는 개념으로 우주의 생성과 운동을 설명하는 우주론은 물론, 인간본성의 선악까지 결정하는 인성론의 영역까지 포괄하게 되었다. 이러한 세계관에 따른다면 인간세상의 리[人理]가 바로 하늘의 리[天理]이기에, 하늘이 내려주는 본성을 인간들이 스스로 실현하여 도덕적 완성을 이루어야 하는 실천철학이기도 하였다.[96] 성리학은 기존 유교에 도교와 불교의 장점을 결합하여 리[天理]를 우주만물의 근원이라 규정하며, 예를 도 내지 리의 구현이라고 하면서 이들 양자와 동일시함으로써 예를 더욱 절대화시켜 나갔다.[97] 이처럼 성리학자들은 예를 하늘의 초월성이 인간의 마음속에 내재한 자연적 본성을 발견하고 표현하는 방식이라고 보았다.[98] 예컨대 정이(程頤)는 다음과 같이 언급하고 있다.

사람은 천지의 사이에서 자리 잡고 만물의 위에서 서니, 천지와 우리는 동체(同體)요 만물과 우리는 동기(同氣)이니, 존비와 분류는 베풀지

---

94) 『춘추좌전』 소공 25년 여름: 上下之紀.

95) 張立文 편, 『道』, 권호 역(서울: 동문선, 1995), 11~12장; 張立文 편, 『리의 철학』, 안유경 옮김(서울: 예문서원, 2004), 5~6장.

96) 島田虔次, 『주자학과 양명학』, 김석근·이근우 옮김(서울: 까치, 1986); 溝口雄三, 『개념과 시대로 읽는 중국사상 명강의』, 최진석 옮김(서울: 소나무, 2004); 小島毅, 『사대부의 시대』, 신현승 옮김(서울: 동아시아, 2004); 蕭公權, 『중국정치사상사』, 최명·손문호 역(서울: 서울대학교출판부, 1998), 15장; 주일요(1999), 7장 등 참조.

97) 柳肅, 『예의 정신』 홍희 옮김(서울: 동문선, 1994), pp.138~41.

98) 박종천(2008), p.143.

않아도 뚜렷이 드러난다. 성인(聖人)이 이에 따라 관혼상제·조빙연향(朝聘燕享)의 예를 제정하여 군신·부자·형제·부부·붕우의 의(義)를 행하였다.… 중인(衆人)은 그것을 힘쓰고 현인(賢人)은 그것을 행하며 성인은 그것으로 말미암는다. 그러므로 그 몸과 그 가(家)와 그 국(國)과 그 천하(天下)에 행하는 방법은 예로 다스리면 질서가 잡히고 예가 어지러워지면 혼란하게 되며, 예가 있으면 유지되고 예가 없으면 망하게 된다.99)

즉 몸이나 가·국·천하 모두 예로 다스려야 질서가 잡히고 예가 있어야 유지된다고 하였다. 주자도 "예란 하늘의 이치를 알맞게 갖춰놓은 것이고 세상사에서 지켜야 할 법칙"100)으로 "예가 아니면 보지도, 듣지도, 말하지도, 움직이지도 않는 것이 곧 천리"101)라고 하면서, "예에는 근본[本]과 형식[文]이 있는데… 하루라도 예를 배우고 익히지 않으면 안 되는 것"102)이라고 역설하였다.

명 태조 주원장은 "다스리는 도는 반드시 예에 근본을 두어야한다"103), "예가 있으면 다스려지고, 예가 없으면 어지러워진다"104), "예는 국가의 방범이자 인도의 기강으로, 조정에서 당연히 먼저 힘써야 할 것이다. 하루라도 없어서는 안 된다"105)라 하여, 예를 중시하였다.106) 청말 왜인(倭仁)도 "국가를 세우는 도는 예의를 숭상

---

99) 『二程集』1冊, 禮序: 禮治則治 禮亂則亂, 禮存則存 禮亡則亡, 박종천(2008), pp.143~44에서 재인용. 이와 유사한 내용이 조선의 『율곡전서』 권20, 성학집요2 頁30; 『眉叟記言』 원집 내편 권31, 경설 예설 1; 『旅軒集』 권10, 跋 五先生禮說跋 頁1 등에서도 보인다.

100) 『논어』 학이 12장, 주자 註: 禮者, 天理之節文, 人事之儀則也.

101) 蔡尙思, 『中國禮敎思想史』, 이광호 옮김(서울: 법인문화사, 2000), p.158.

102) 『性理大全』 권19, 家禮序: 凡禮有本有文… 固不可以一日而不修, 도민재, "조선전기 예학사상 연구", 성균관대학교대학원 철학박사 학위논문, 1998, p.40에서 재인용.

103) 『명태조실록』 권53, 홍무 3년 6월 계해: 爲治之道 必本于禮.

104) 『명태조실록』 권73, 홍무 5년 3월 신해: 有禮則治 無禮則亂.

105) 『명태조실록』 권80, 홍무 6년 3월 갑진: 禮者 國之防範 人道之紀綱 朝廷所當先務 不可一日無也.

106) 羅冬陽, 『明太祖禮法之治硏究』(북경: 고등교육출판사, 1998) 참조.

하지 권모를 숭상하지 않는다"107)고 하였다.

이러한 예 인식은 조선에서도 마찬가지였다. 예컨대 조선 초기의 권근은 『예기천견록』에서 예가 "도에 근본"하기 때문에 "사람에게 쓰여지는 바는 그릇을 쓰는 것과 같아서 하루라도 없어서는 안 된다"라면서, "예의 실천은 하늘과 사람이 합일되는 과정"으로 인식하였다.108) 『조선왕조실록』에서도 "옛사람은 예를 보고 그 나라의 존망·성쇠를 알았다. 예가 있으면 나라가 존재하고 예가 없으면 나라도 망하게 되니, 이는 필연한 이치"109)라고 하였다. 즉 예를 "천리의 절문"110), "상하의 분별[分]"111)이라 하면서, "잠시라도 몸에서 떠나서는 안 된다"112), "넘어갈 수 없다"113), "하루라도 없어서는 안 되는 것"114) 등이라며, 예의 중요성을 강조하였다. 예컨대 국왕 선조는 "비록 굶어죽을지라도 어찌 예를 행하지 않을 수 있겠는가"115)라고까지 하였다. 이처럼 예는 성리학에서 도 내지 리와 같은 절대성과 보편성을 가지게 되었던 것이다.

---

107) 『籌辦夷務始末(同治朝)』 권47, 頁24: 立國之道 尙禮義而不尙權謀, 李細珠, 『晩淸保守思想的原型: 倭仁硏究』(북경: 사회과학문헌출판사, 2000), p.180에서 재인용. 또한 蕭公權(1998), p.1,105 참조.

108) 강문식, 『권근의 경학사상 연구』(서울: 일지사, 2008), pp.254~55, 260~63.

109) 『조선중종실록』 권32, 13년 4월 17일 을유: 古人見禮而知國之存亡盛衰. 禮存則國存 禮亡則國亡, 此必然之理也. 비슷한 내용은 『조선순종실록』 권25, 19년 8월 6일 정축조 등에도 보인다.

110) 예컨대 태종 4년 9월 19일 정사; 중종 13년 6월 1일 기사; 중종 29년 3월 4일 경오; 명종 2년 5월 20일 경오; 선조 즉위년 11월 4일 을묘; 광해군 2년 3월 14일 경인; 인조 4년 12월 25일 계해 등 참조.

111) 태종 6년 8월 8일 갑오; 세종 10년 9월 27일 병자; 중종 21년 5월 16일 무술 또한 태종 11년 9월 26일 갑신; 성종 12년 9월 29일 경자; 중종 11년 7월 29일 무신; 인조 3년 8월 23일 기해; 인조 4년 2월 8일 신사 등 참조.

112) 不可斯須去身. 세조 8년 8월 20일 임오; 선조 2년 윤6월 7일 기유; 인조 5년 4월 2일 무술.

113) 不可踰越. 세종 16년 5월 8일 갑신; 성종 14년 5월 27일 무오; 인조 4년 1월 20일 갑자.

114) 세조 4년 9월 21일 을사: 不可一日而無也.

115) 선조 27년 5월 26일 계묘: 雖餓死, 豈可滅禮.

유교문명권에서 예는 무엇보다 인간과 금수를 구별하는 기준이었다. 『예기』에는 다음과 같은 언급이 나온다.

무릇 사람이 사람답다는 것은 예의가 있기 때문이다.[116]

앵무새는 말을 하지만 나는 새에 지나지 않고, 성성이는 말을 하지만 금수에서 벗어나지 못한다. 이제 사람으로서 예가 없다면 비록 말은 잘 하더라도 역시 금수의 마음이 아니겠는가? 무릇 금수에게는 예가 없다.… 그러므로 성인이… 예를 만들어 가르쳐서, 사람으로 하여금 예를 가지게 하고 스스로 금수와 다르다는 것을 알게 하였다.[117]

즉 '예'가 있어야만 사람은 사람다워질 수 있으며, 따라서 인간과 금수를 구별해주는 중요한 표지라고 여겼던 것이다.[118]

뿐만 아니라 '예'는 중화와 이적을 구별하고 문명과 야만을 분별하는 상징이기도 하였다. 즉 중화와 이적을 구별하는 데 습속이나 생활방식 등 문화·문명의 차이가 지역이나 종족·혈연보다도 더 중요한 기준이라고 여겼던 것이다. 일찍이 공자는 "(제나라 환공을 도와 천하를 하나로 바로잡게 한) 관중(管仲)이 아니었다면 지금 우리들은 모두 (오랑캐처럼) 머리를 풀어헤치고 옷섶을 왼쪽으로 여미고 있을 것"[119]이라며, 중국인들이 오랑캐처럼 '피발좌임(被髮

---

116) 『예기』 관의(冠義): 凡人之所以爲人者, 禮義也.

117) 『예기』 곡례 상.

118) 유교를 수용한 월남도 예외가 아니었으니, 월남의 전성기를 이끌었던 黎聖宗(1460~97)은 "인간이 금수와 다른 것은 예 때문"이라 하였다. 유인선, "베트남 黎朝의 성립과 유교이념의 확립", 서강대 『동아연구』 48집(2005), p.48. 한편 일본 덕천막부시대의 貝原益軒, 中井履軒, 藤田東湖 등 일부 학자들도 유사한 주장을 하였다. 朱謙之, 『日本的朱子學』(북경: 인민출판사, 2000[1958]), pp.246~73, 364~79, 497~512.

119) 『논어』 헌문 17장.

左袵)'하지 않게 만든 관중의 공을 높이 평가하였다. 『예기』왕제편에도 "동방(의 오랑캐)은 이라 하는데, 머리를 풀어헤치고… 서방은 융이라 하며, 머리를 풀어헤치고…"[120]라 하였다. 이처럼 중화는 속발관대(束髮冠帶)인 데 반하여 이적은 피발좌임이며, 따라서 중국은 의관예악의 나라[冠帶之國, 禮義之邦]로서 시서 예악과 법도로써 정치를 해나가지만 이적에게는 이러한 것들이 존재하지 않는다고 보았던 것이다. 후한의 반고(班固) 역시 "이적들은 탐욕스럽고 호리하며 피발좌임하고 인면수심"[121] 운운하였으며, 이러한 인식이 후대에도 이어졌음은 물론이다.[122]

중화와 이적, 문명과 야만의 분별 나아가 인류와 금수를 분별해주는 예의 중요성에 대하여 송대 학자 호안국(胡安國)은 다음과 같이 명쾌하게 지적하였다.

중국이 중국이 되는 까닭은 예의 때문이다. (예의를) 한 번 잃으면 이적이 되고, 두 번 잃으면 금수가 되어 인류는 멸망한다.[123]

앞서 언급한 정호·정이도 "예를 한 번 잃으면 금수가 된다"[124]

---

120) 『예기』 왕제: 東方曰夷 被髮… 西方曰戎, 被髮…

121) 『漢書』 권94 하, 匈奴傳: 夷狄之人 貪而好利 被髮左袵 人面獸心.

122) 권선홍(2004), pp.37~43 참조. 월남도 '예의의 존망 여부'로써 화이를 구분하며, 유교문명권의 일원으로서의 동질성을 확인하였다. 최귀묵(2011), pp.144~48. 물론 화하와 이적은 비록 문화적으로는 구별되지만, 서로 확연히 갈라져 교류나 융합하지 못하는 것은 결코 아니었다. 즉 예의의 고하나 도의의 유무에 따라 이적이라 하더라도 화하가 될 수 있고, 반대로 화하라 하더라도 이적으로 떨어지기도(이른바 '新夷狄'이 되기도) 하는 것으로 보았다.

123) 『春秋胡傳』 권12, 희공 23년 11월: 中國之所以爲中國以禮義也. 一失則爲夷狄 再失則爲禽獸 人類滅矣.

124) 『二程全書』 권2 상 二程先生語錄: 禮一失則爲禽獸, 박지훈, "송대 화이론 연구", 이화여자대학교 대학원 박사학위논문, 1990, p.107에서 재인용.

고 하였으며, 명대의 구준 역시 다음과 같이 예의 중요성을 강조하였다.

예는 천하에서 하루라도 없어서는 안 된다. 중국이 이적과 다르고 인류가 금수와 다른 것은 예가 있기 때문이다. 예가 가히 하루라도 없을 수 있겠는가?[125]

이와 같은 인식은 조선에서도 마찬가지였으니, 예컨대 대표적 성리학자 이황도 "옛사람은 예가 하루라도 폐해져서는 안 된다는 것을 잘 알았다. 그래서 말하기를 '(예를) 한 번 잃어버리면 이적이 되고 두 번 잃어버리면 금수가 된다'고 했으니, 어찌 깊이 두려워하지 않겠는가"[126]라 하였다. 송시열 역시 군신 부자 등 인륜도덕이 중요함을 지적하면서 "만약 혹시라도 이것을 버린다면 사람이 금수의 길로 접어들게 되고 중국이 오랑캐의 길로 빠져들고 말 것이니, 두려워하지 않을 수 있겠는가"[127]라며 천서(天敍)·천질(天秩) 등 예의 중요성을 역설하였다. 조선말 위정척사파였던 유인석은 "정자(程子)께서 말씀하시기를 '예를 한 번 잃으면 이적이 되고 두 번 잃으면 금수가 된다'고 하였다. 한번 잃는 것은 제도를 잃는 것이고, 두 번 잃는 것은 윤리강상을 잃는 것"[128]이라며 부연 설명

---

125) 丘濬, 『家禮儀節』, 自序: 禮之在天下, 不可一日無也, 中國所以異于夷狄 人類所以異于禽獸 以其有禮也 禮其可一日無乎, 錢武偉, 『明代史學的歷程』(북경: 사회과학문헌출판사, 2003), p.35에서 재인용. 구준에 관한 연구로는 윤정분, 『중국근세 경세사상 연구: 구준의 經世書를 중심으로』(서울: 혜인, 2002); 李焯然, 『丘濬評傳』(남경: 남경대학출판사, 2005) 등이 있다.
126) 『退溪集』 권41, 雜著, 論四學師生文, 頁36. 도민재(1998), p.106에서 재인용.
127) 『조선숙종실록』 권11, 7년 1월 3일 정사.
128) 『毅菴集』 권53, 道冒編중, 頁34: …一失失制度也, 再失失倫常也; 『국역 의암집 6』(춘천: 의암학회, 2010), p.302. 같은 책 권25, 頁22; 권34, 頁18 등에도 유사한 내용이 있다.

하였다. 전우 역시 "중화와 이적의 구별은 예가 있느냐 없느냐의 차이에 있다. 그러므로 예를 조금 잃으면 이적으로 들어가고 크게 잃으면 금수로 들어간다고 한 것"[129]이라 하였다.

이처럼 유교문명권에서 예는 인간을 인간답게 해줄 뿐만 아니라, 이적이나 금수와도 구별해주는 이른바 인간의 정체성이자 '존재이유'였다고 하겠으며,[130] 따라서 누구든 '속발관대'로 상징되는 예를 지켜나가고자 목숨을 걸고 노력하였던 것이다. 예컨대 청 초기의 '체발령'[131]이나 조선말의 '단발령'과 '복식제도개혁'[132] 등에 격렬히 저항하였던 것은 이와 같은 예의 중요성 때문이었음은 물론이다. 『효경』에서도 "(사람의) 몸과 머리터럭·피부는 모두 부모에게서 받은 것이니, 감히 이를 훼상하지 않는 것이 효도의 시작"이라 하였다. 한마디로 유교문명권에서는 "한 번 머리털을 깎으면 호로가 되고 호로는 곧 견양"[133]으로 여겼던 것이다.

끝으로 유교문명권에서 사회규범의 총칭이자 그 정수였던 '예'는 원칙적으로 유교문명권 내에서만 적용되었던 것으로서, 권역 밖의 이적에 대해서는 다만 이를 준용할 따름이지 굳이 엄격하게 적용하려고는 하지 않았던 것이다.[134]

---

129) 『艮齋集』 별편 권1, 잡저 華夷鑑, 頁82: 華夷之分 以有禮無禮之異. 故曰禮小失則入於夷狄 大失則 入於禽獸也….

130) 김성기는 유교에서 예가 "사람의 근본 아이덴티티에 해당되는 것으로 규정하고 있다"면서, "인간의 존재 근거로 설정"되어 있다고 지적하였다. 김상기, "유가의 예에 대한 해석학적 접근", 최영진·지준호(편), 『동아시아유교문화의 새로운 지향』(서울: 청어람미디어, 2004), p.119.

131) 岸本美緒·宮嶋博史, 『조선과 중국, 근세 오백 년을 가다』, 김현영·문순실 옮김(서울: 역사비평사, 2003), p.215.

132) 이와 관련하여 강상규, "1884년 '의제개혁'에 대한 정치적 독해", 『세계정치』 제30집 2호(2009), pp.185~224 등 참조.

133) 박지원, 『열하일기』 馹汛隨筆 秋7월 15일 신묘: 一雉髮則胡虜也, 胡虜則犬羊也.

134) 이는 서구국제법이 기독교적인 문명국가들에게만 적용될 뿐, 비서구 국가들에게는 적용되지 않

Ⅲ. 유교문명권에서의 '사대자소의 예'

유교문명권의 기본 구조와 특성에 대하여 일찍이 이용희는 다음
과 같이 언급하였다.

이 권역의 정치양식은 유교의 정교(政敎)관념에 유래하고 있으며 국내
의 법질서나 지배질서가 당·명률계(唐·明律系)나 충효사상에 입각한
가부장적인 전제이듯이 국제정치적 질서는 예교(禮敎)를 본으로 하되, 권
역을 막연히 '천하(天下)'라 하여 천명(天命)을 받드는 중조(中朝)의 천자
(天子)의 덕이 미치는 범위로 관념된다. 이 '천하'는 그것이 중조의 문화가
미치는 '터'이며, 예교의 '명분(名分)'이 유지되어야 하는 곳이며 또 신분적
인 유교의 예(禮)사상을 따라 그 구조가 서계적(序階的)이 아닐 수 없었다.
이러한 예교의 질서가 통행하는 천하 안에 존재하는 상·하(上·下)와 서
차(序次)의 '명분'을 규율하는 제도가 소위 '사대자소(事大字小)'의 '예(禮)'
로서, 거기에는 반드시 조근(朝覲)과 빙문(聘問), 공헌(貢獻)과 사뢰(賜
賚), 봉삭(奉朔)과 책봉(冊封) 등이 따르는 것이라고 여겨졌으나…135)

즉 천하는 천명을 받은 천자의 덕이 미치며 예교명분이 유지되
는 공간으로, 국가 간의 관계에도 사대자소의 예가 적용되며 이는
구체적으로 조공과 회사, 책봉과 봉삭 등의 예로 제도화되었던 것
이다.136)

사대문제에 관한 기존 연구는 적지 않으며,137) 이미 다양한 견

는다고 생각하였던 것과 마찬가지라 하겠다. 이용희(1977), pp.18~20, 142, 149~150; 김용구(1997),
pp.16~17, 72~76; 徐杰令(2004), 전언 p.19 등 참조.

135) 이용희(1962), pp.71~72.

136) 사대자소관계가 명분상 '예교의 질서'이므로 이미 지적하였듯이 국내정치에서도 이러한 '예교질
서'를 국내질서로 공인'하였던 것이고 따라서 "국제체제와 국내체제는 본질상 구별될 수 없는 것"
이었다. 이용희(1962), p.59.

해들이 제시되어 왔다. 대체로 사대는 "국가보전을 위한 현실적인 외교정책"으로 "어디까지나 안보를 보장받기 위한 불가피한 조치였다는 것이 (국내)학계의 일반적인 견해"138)라고 하겠다. 즉 해방 이후 사대는 "자주적 실리외교"라고 보는 해석이 유행하고 있다.139) 박충석도 사대는 문화이념적 지향을 핵심으로 하는 중화관념과는 달리, "'힘'관계 위에 성립된 관계개념으로서 매우 상황적인 성격을 내포"하고 있었다고 지적하였다.140)

그러나 이러한 주장과는 달리 이용희는 일찍이 사대의 "국제정치적 의의는 동양사회의 국제권위(불교·유교)적인 구조에서 유래되는 것이 틀림없다"면서, "약국의 굴욕적 외교정책이라고 보기 쉽"지만 그러나 "적어도 권위형적인 국제관계의 시대적 의미를 생각하는 한 정확한 이해의 방식은 아니다"141)라고 지적하였다. 즉 사대에는 "현실적인 사대관계라는 사실의 면이 있고, 또 사대의 제도라는 면이 있고, 또 끝으로 사대관계를 정당화하는 사상과 이념의 면 곧 사대주의라는 가치관"이 있다고 정리하였다.142) 다시 말

---

137) 대표적으로 이기백, 『민족과 역사』, 신판(서울: 일조각, 1994), 제6부: 사대주의론; 이용희(1977), pp.136~87; 이춘식, 『사대주의』(서울: 고려대학교출판부, 1997); 김용구(1997), 2장; 안정희, "조선초기의 사대론", 『역사교육』 64(1997), pp.1~33; 김석근, "한국전통사상에서의 평화관념: '사대'와 '중화'를 중심으로", 하영선 편, 『21세기 평화학』(서울: 풀빛, 2002), pp.81~102; 유근호, 『조선조 대외사상의 흐름』(서울: 성신여자대학교출판부, 2004), 1장 2절; 이상익, "조선시대 중화주의의 두 흐름", 『한국철학논집』 제24집(2008), pp.9~38; 박충석, 『한국정치사상사』 제2판(서울: 삼영사, 2010), 3장 3절; 임민혁, "조선시대의 묘호와 사대의식", 『조선의 예치와 왕권』(서울: 민속원, 2012), pp.283~309; 전재성(2012), pp.45~76; 孫衛國, 『大明旗號与小中華意識』(북경: 상무인서관, 2007), 1장 2절 등이 있다.

138) 김당택, 『한국대외교류의 역사』(서울: 일조각, 2009), p.123.

139) 계승범, "조선시대 동아시아질서와 한중관계: 쟁점별 분석과 이해", 동북아역사재단(편) (2009), pp.131~35 참조.

140) 박충석(2010), p.280.

141) 이동주, 『국제정치원론』(서울: 장왕사, 1955), p.275, 주9.

142) 이용희(1977), p.140. 나아가 "사대의 예는 명분 외에 국제정치 체제로도, 또 외교정책으로도 기능

해 "명분으로서의 사대가 있고, 명분 없는 힘에 의한 사대의 현실"
이 있었다면서, "하나는 가치관념 혹은 이데올로기이고, 또 하나는
단순한 힘의 부족, 힘의 위협 아래에 생기는 현실과 그 적응"이라
고 하였다. 나아가 사대란 "단순히 대국을 섬긴다는 것을 넘어서서
여러 가지 예(禮)다운 의식·절차·규정에 맞아야 된다는 것"으로,
적어도 가치관으로서의 '사대의 예'는 유교문명권의 "특정한 형식·
절차·규범과 가치관이 구조적으로 통합되어 있었다"면서 말하자면
"유교예치질서의 일부분을 이루고 있었다"143)고 역설하였다. 조동
일 역시 "사대관계는 약소국이 강대국의 침략에 대응하는 방책이
었다고 하는 (기존의) 견해는… (중세시대 여러 문명권들에 대한)
광범위한 비교연구의 결과에 의해 부인 된다"144)고 주장하였다.

우선 사대자소는 주대의 종법적 분봉제도 내에서 크고 작은 제
후국들 간의 우호증진과 친목도모 및 결속강화를 위한 이른바 '교
린의 예[交隣之禮]'에서 비롯되었다. 예컨대 『춘추좌전』에서는 사
대자소에 대한 언급이 나온다.

예라는 것은 작은 나라가 큰 나라를 받들고 섬기며, 큰 나라가 작은
나라를 어여삐 여기고 돌보아주는 것을 말한다. 사대는 큰 나라의 명령
을 공손히 받드는 데 있고, 자소는 작은 나라의 모자라거나 없는 것을
걱정하고 도와주는 데 있다.145)

하는 면이 있는 법"이라 하였다. 이용희(1977), p.163.

143) 이용희(1977), pp.145~46, 156, 169.

144) 조동일(1999a), p.15.

145) 『춘추좌전』소공 30년 8월: 禮也者, 小事大 大字小之謂. 事大在共其時命 字小在恤其所無.

또한 같은 책에서 "작은 나라가 큰 나라를 섬기는 것은 신(信)이고 큰 나라가 작은 나라를 돌보아주는 것은 인(仁)이다"[146]라 하였다. 이에 대한 좀 더 구체적인 설명은 맹자의 다음과 같은 말에서 찾아볼 수 있다.

오직 어진 사람만이 큰 나라로서 작은 나라를 섬길 수 있다.… 오직 지혜로운 사람만이 작은 나라로서 큰 나라를 섬길 수 있다.… 큰 나라로서 작은 나라를 섬기는 것은 하늘의 뜻을 즐거워하는 것이고, 작은 나라로서 큰 나라를 섬기는 것은 하늘의 뜻을 두려워하는 것이다. 하늘의 뜻을 즐거워하는 사람은 천하를 지키고, 하늘의 뜻을 두려워하는 사람은 자기 나라를 지킨다.[147]

이에 대하여 송대의 주자는 "큰 나라가 작은 나라를 돌보아주고 작은 나라가 큰 나라를 섬기는 것은 모두 천리의 당연함이다"[148]고 해석하였다. 명 태조 주원장은 "이적이 중국을 받드는 것은 예의 변치 않는 원칙이고, 작은 나라가 큰 나라를 섬기는 것은 예나 지금이나 똑같은 이치"[149]라 하였으며, 명대 정효도 "작은 나라로 큰 나라를 섬기는 것은 사리와 형세의 마땅한 일"[150]이라 하였다. 이와 같이 사대자소는 대소 제후국들이 지켜야 하는 당연한 예이자 천리였던 것이다.[151] 다시 말해 사대자소는 단순한 물리적 힘

---

146) 『춘추좌전』 애공 7년 여름. 같은 책 양공 22년 가을에도 유사한 내용이 나온다.

147) 『맹자』 양혜왕 하 3장. 惟仁者 爲能以大事小… 惟智者 爲能以小事大… 以大事小者 樂天者也, 以小事大者 畏天也. 樂天者 保天下, 畏天者 保其國.

148) 『맹자』 양혜왕 하 3장 주자 注: 大之字小, 小之事大, 皆理之當然也.

149) 『명태조실록』 권90, 홍무 7년 6월 을미: 夷狄奉中國, 禮之常經. 以小事大, 古今一理.

150) 鄭曉, 『吾學編』 皇明北虜考 제69, 頁1: 以小事大 理勢之常.

151) 이춘식(1997), pp.241~52.

의 관계라기보다, '하나의 '가치관·명분'으로 유교문명권의 '국가 간의 법' 곧 '천하법'이었던 것이다.152)

물론 한비자 등 비유가 사상가들은 사대자소를 현실적인 힘의 강약에서 보고 있기도 하였다.153)

힘이 많으면 남들이 조공해오나, 힘이 적으면 남에게 조공해야 한다.154)

그러나 유교에서는 힘보다는 덕과 예를 중시하고 문치를 숭상하였으며, 대외침략이나 정복보다는 수비와 방어를 강조하였다. 일찍이 공자는 "먼데 사람이 복종하여 오지 않으면 (무력을 사용하기보다는) 문덕을 닦아서 스스로 오게 해야 한다"155)고 하였으며, 후한 초기의 하휴(何休)도 "왕자는 이적을 다스리지 않는다.… 오는 자는 막지 않고 가는 자는 쫓지 않는다"156)고 하였는데, 이는 후대에도 되풀이 강조되어졌다.

한편 한국사에서 사대의 기록을 보면 『삼국사기』에 "무릇 국가는 큰 나라와 작은 나라가 있고… 작은 나라로 큰 나라를 섬기는 것은 예"157)라고 하였다. 『고려사』에서도 "작은 나라로 큰 나라를 섬기는 것은 의이다. 섬기기를 예로써 한다",158) 또는 "폐방(고려)

---

152) 이용희(1977), pp.141~42, 148, 150; 高明士, 『天下秩序与文化圈的探索』(상해: 상해고적출판사, 2008), p.11, 58.
153) 이용희(1977), p.141, 150.
154) 『한비자』 顯學: 力多則人朝, 力寡則朝於人. 또한 『鹽鐵論』 권8, 誅秦편에도 같은 내용이 나온다.
155) 『논어』 季氏 1장: 遠人不服則修文德以來之… 既來之則安之.
156) 『춘추공양전』 은공 2년 봄 하휴 注: 王者不治夷狄. 錄戎者 來者勿拒, 去者勿追.
157) 『삼국사기』 권13, 고구려 본기 제1, 유리왕 28년 8월: 以小事大者禮也.
158) 『고려사』 권102, 열전 권15, 諸臣, 俞升旦: 以小事大 義也. 事之以禮.

은 본래 바다바깥의 작은 나라로서, 예로부터 반드시 사대의 예를 행하며 왔고 그런 연후에야 국가를 보전할 수 있었다"[159]고 하였다. 삼국시대나 고려 때에는 사대가 생존을 위한 수단적 측면이 좀 더 강하였다는 지적도 있으나,[160] 이처럼 예규범으로 인식되기도 하였음을 알 수 있다. 성리학이 수용되면서 고려 말의 사대부들은 원·명에 대한 양단외교를 반대하고 명분을 기준으로 사대의 대상을 정하였다.[161]

조선이 건국되면서 성리학을 국가통치이념으로 삼게 되고, 대내외적으로 유교 예규범을 구현하여 이른바 '동쪽의 주나라[東周]'를 건설하겠다는 이상을 내세웠다. 그에 따라 사대는 "보국의 방도[保國之道]"로 여겨지기도 하였으나,[162] 그보다는 건국이념으로 삼은 유교 예치의 구체적 반영이었으며,[163] 무엇보다 예규범으로 인식되었던 것이다. 예컨대 조선왕조의 설계자 정도전은 성리학을 철저히 수용하여, 한족인 명의 건국이 이적인 원나라를 물리치고 중화의 정통을 회복시킨 것이라 높이 평가하고, 명 황제를 '진주(眞主)'로 존숭하여 중국과의 관계도 인간관계와 마찬가지로 상하·존비관계로 차등화하였다. 따라서 그는 "사신을 파견하는 것은 천

159) 『고려사』 권23, 고종 19년 11월: …必行事大之禮, 然後能保有其國家.

160) 전재성(2012), pp.57~60.

161) 예컨대 정몽주는 중원의 지배자는 의로운 군주여야 한다고 하였으며, 박상충은 이치로 보나 형세로 보나 명나라가 우위에 있다고 하였다. 즉 이들은 명나라를 정통왕조로 여기고 천자국으로 섬겨야 한다고 주장하였던 것이다. 도현철(1999), pp.195~201.

162) 예컨대 『조선태조실록』 권1, 총서 신우 14년; 『조선명종실록』 권17, 9년 10월 30일 정유조 등 참조.

163) 왕원주, "한국근대이행기 화이관의 변화와 민족의식", 연세대학원 박사학위논문, 2001, p.18; 陳潮, "傳統的華夷國際秩序與中韓宗蕃關係", 復旦大學 『韓國研究論叢』 제2집(1996), p.225; Walker, Hugh Dyson. 1971. "The Yi-Ming *Rapprochement*: Sino-Korean Foreign Relations, 1392~1592", Ph. D. diss., University of California, 1971, p.155.

조(明)에 표문을 올려서 사대의 성경을 다하기 위한 것"164), "우리 나라는 예로써 사대하여 조빙하고 공물을 바치며 세시에 사신을 보내니, 이는 제후의 법도를 닦고 맡은 바 직무를 보고하기 위한 것"165)이라 하였다. 같은 시대의 유학자 권근 역시 "작은 나라로 큰 나라를 섬기고 이적이 중화를 흠모하는 것은 예가 또한 그러하다"166)고 하였다. 태종 연간에 사헌부도 "작은 나라로 큰 나라를 섬기는 것은 고금의 공통된 의리"167)라고 하였다. 조선 전기의 양성지도 "대개 작은 나라가 큰 나라를 섬기는 것은 예법의 상도로서, 예로부터 다 그러하였다"168)라고 지적하였다. 이처럼 중국의 번국이 되어 사대관계를 맺게 된 것을 매우 자랑스럽게 생각하였으며, 이러한 의식은 조선시대 유학자들의 공통된 견해이기도 하였다.169)

'사대의 예'와 관련하여 태종은 "내가 대국을 섬기는 데 있어 결코 참람한 생각이 없으니",170) "내가 공경히 천자를 섬겨 오직 한 마음[一心]을 다했을 뿐… 내가 마음속으로 하늘을 두려워하기 때문에 대국을 정성껏 섬기는 것"171)이라 하였다. 뿐만 아니라 "대국을 섬기는 것은 두려워하는 것이 아니라 예가 그러한 것"172)이라

---

164) 『三峰集』 권7, 朝鮮經國典 上 禮典 摠序: 其遣使也 奉表天朝, 以盡事大之誠敬.

165) 『三峰集』 권7, 朝鮮經國典 上 禮典 遣使: 本國事大以禮 朝聘貢獻 歲時遣使 所以修侯道而述所職也.

166) 『陽村集』 권34, 東國史略論 신라 내물왕 41년: 以小事大, 以夷而慕華, 禮亦然矣.

167) 『조선태종실록』 권8, 4년 8월 20일 기축: 以小事大, 古今之通義也.

168) 『조선세조실록』 권1, 1년 7월 5일 무인: 盖以小事大 禮之常也, 自古皆然.

169) 한영우, 『조선전기 사회사상연구』(서울: 지식산업사, 1983), p.28. 북학파 박지원도 "동방(조선)이 중국을 사모하는 것은 곧 그 천성"이라고 하였다. 『열하일기』 망양록 망양록서.

170) 『조선태종실록』 권9, 2년 7월 2일 계미.

171) 『조선태종실록』 권18, 9년 11월 15일 계미.

172) 『조선태종실록』 권22, 11년 8월 18일 정미: 事大, 非畏之也, 禮則然矣.

하여, 사대의 본질이 예라는 사실을 지적하였다. 세종 역시 지성으로 사대하였으니, 매의 진헌 중단을 요구하는 신료에 대해 "사대함에 있어서는 마땅히 성심껏 하여야 할 것"이라며, 매의 포획과 진헌 때문에 백성의 폐해가 있음을 잘 알고는 있지만 "대의로 말할 것 같으면, 민간의 폐해가 있는 것은 그 일이 가벼운 것이나 사대를 성실히 하지 않는 것은 그 일이 무거운 것"173)이라며, 지성으로 사대해야 함을 강조하였다. 후일 조선이 청에 보낸 국서에서 "약한 나라가 강한 나라에 복종하고 작은 나라가 큰 나라를 섬기는 것이야말로 당연한 이치"174)라 하였다. 송시열도 '기축봉사'에서 "작은 나라가 큰 나라를 섬기는 것은 천리이나, 부끄러움을 참고 원수를 섬기는 것은 인욕"175)이라 하면서, 명과의 사대관계는 천리이지만 청과의 사대는 인욕이라 규정하였다. 위정척사파의 거두 이항로는 "작은 나라로 큰 나라를 섬기는 것은 또한 천리의 당연함이니, 공명을 계산하고 이익을 도모하여 행하여서는 안 된다"176)고 하였다. 유인석은 1913년에 저술한 『우주문답』에서 "중국과 조선은 친척 간의 큰집과 작은집과 같다"며, "나라가 나라답고 사람이 사람답기 위해서는 중국을 임금으로 삼고 중국을 스승으로 삼아야 한다"177)고 역설하였다. 이와 같이 정통성이 있는 황제 즉 '의주(義主)' 또는 '진주(眞主)'에 대한 사대는 당연하고도 중요한 예였던 것이다.178)

---

173) 『조선세종실록』 권33, 8년 9월 29일 기미: 事大當以誠… 民間有弊 其事輕, 事大不誠 其事重.

174) 『조선인조실록』 권34, 15년 정월 11일 신해: 以弱服强, 以小事大, 乃理之常. 한편 『청태종실록』 권33, 숭덕 2년 정월 계축조에는 "以弱臣强, 以小事大, 乃理之常"으로 되어있다.

175) 『송자대전』 권5, 봉사 기축봉사: 小事大者天理而忍恥事讐者人欲也.

176) 『華西集』 권9, 書 答柳穉善 丙午正月, 頁41: 以小事大 亦天理之當然也, 非計功謀利而爲之也.

177) 『우주문답』, 서준섭 외 옮김(춘천: 의암유인석선생기념사업회, 2002), pp.143~44: 中國朝鮮有如親戚大小家也… 國以爲國 人以爲人矣 君中國而師中國也.

앞서 언급하였듯이 가치관·이념과 현실은 서로 괴리되기 쉬우며, 사대의 경우도 예외는 아니라 하겠다. 『조선왕조실록』을 보면, 태조 때에 외교문서인 표전 문제로 관련자들을 보내라는 명나라 요구에 대하여 변중량(卞仲良)은 "대국을 섬기는 예절[事大之禮]로서는 그리해야겠지만 임기응변하는 계책[應變之計]으로서는 불편한 점이 있을 듯" 하다며, 보내지 말라고 상소하였다.179) 태종 때에도 명나라가 전쟁에 쓰일 말을 보내라고 하는 문제에 대하여 사간원은 "사대의 예[事大之禮]로 말하면 바치지 않을 수 없고, 종사의 계책[宗社之計]으로 말하면 많이 바칠 수 없는 것"이라며, 국왕에게 '사대의 예'와 '종사의 계책'으로 참작하여 시행할 것을 건의하였다.180) 이처럼 명분으로서의 '사대의 예'는 다른 한편으로 조선의 현실을 감안해야 한다는 '임기응변의 계책', '종사의 계책' 또는 '권의의 계책'181), '백성의 폐해'182) 등과 대비되어 인식되기도 하였던 것이다. 다시 말해 사대를 행함에 명분론과 현실론의 충돌은 어쩌면 불가피한 것이었다고 할 수 있다. 이와 관련된 대표적인 논란이 명종 연간에 보인다. 즉 사헌부는 "나라를 다스리는 방법에는 상도(常道)와 권도(權道)가 있는데, 권도가 알맞게 되면 실로 상도와 다름이 없다"면서, 사대와 관련하여 다음과 같이 주장하였다.

---

178) 몽고족의 원나라는 물론 만주족의 청조 역시 비한족 왕조로서 정통성시비가 있어왔음은 물론이다. 따라서 이들 왕조를 유교권의 전형으로 삼는 것은 문제가 있다고 하겠다. 정통론에 대해서는 陳芳明, "송대 正統論의 형성과 그 내용", 민두기(편), 『중국의 역사인식』 하(서울: 창작과비평사, 1985), pp.419~49; 饒宗頤, 『中國史學上之正統論』(상해: 상해원동출판사, 1996[1977]) 등 참조.

179) 『조선태조실록』 권14, 7년 윤5월 3일 무인. 표전문제에 대해서는 박원호, 『명초조선관계사연구』(서울: 일조각, 2002), pp.5~32 등 참조.

180) 『조선태종실록』 권18, 9년 11월 14일 임오.

181) 『조선성종실록』 권170, 15년 9월 4일 무자: 權宜之策.

182) 『조선명종실록』 권14, 8년 3월 30일 병오: 生民之弊.

『맹자』에 '소국으로서 대국을 섬기는 자는 하늘을 두려워하는 자이다' 하였다. 이른바 두려워한다고 한 의미는 다른 것을 가리키는 것이 아니라, 대국의 위세를 두려워하면서 자기 나라 백성을 잘 보호하는 것을 말하는 것이다. 그러므로 대국을 섬기는 것은 단지 자기 백성을 잘 보호하기 위해서일 뿐이니, 혹시라도 대국을 섬겨야 한다는 명분만 지키면서 오히려 백성에게는 해로운 실상을 가져오게 된다면 깊이 생각하여 잘 처리하지 않아서야 되겠는가.

즉 사대를 행함에 상도만을 고집할 것이 아니라 권도를 써서 백성에게 해가 되지 않도록 조치해야 한다고 주장하였다. 그러면서 고려의 현실주의적인 사대외교에 대하여 다음과 같이 평하였다.

고려시대에 남으로는 송나라를 섬기고 북으로는 금나라를 섬겼는데, 송나라에 조공할 때에는 금나라 섬기는 일을 숨기고 금나라에 조공할 때에는 송나라 섬기는 일을 숨겼다. 상도로 논한다면 비록 올바르지 못한 것이지만, 권도로 논한다면 백성 보호하는 방도를 잘 했다고 할 수 있다. 혹시라도 그렇게 하지 않고 송나라만 섬기고서 금나라는 끊었다면 온 나라의 백성이 모두 어육이 되었을 것이니, 고려가 어찌 5백 년이나 누리고 망했겠는가. 그러니 그 당시의 모신(謀臣)들이 계책을 잘 세웠음을 알 수 있다.

즉 고려가 송·금 두 나라를 동시에 섬겼던 상황적·실리적 사대관계가 비록 명분상으로는 잘못이 있으나, 백성보호라는 기준으로는 훌륭한 계책이었다며 긍정적으로 평가하였던 것이다. 그러나 이에 대하여 사신(史臣)은 다음과 같이 비평하였다.

고려가 남으로는 송나라를 섬기고 북으로는 금나라를 섬긴 것을 이미

바르지 못한 것이라 하였으니, 간언을 드리는 사람들이 과연 바르지 못한 것으로 임금을 인도해서야 되겠는가. 비록 백성을 보호하는 길이 된다고 하더라도, 이런 의론은 취할 만한 것이 못된다.183)

즉 비록 백성을 보호하는 길이라 하더라도, 올바르지 못한 것인 만큼 취할 만한 게 못된다며 고려의 현실주의적인 사대외교를 비판하며, 명분론적 원칙을 강조하였던 것이다. 이러한 주장은 후대에도 보이는데, 영조 연간에 성균 생원들은 "승국(고려)에 이르러서는 아침에는 금나라를 저녁에는 원나라를 섬기며, 오직 강약을 살펴 향배를 결정했다"고 비판하면서 조선에 이르러서야 '존주의의'를 세우고 지성으로 사대하여 마침내 왜란 때 재조의 은혜를 입었다고 하였다.184)

사대나 조공문제와 관련하여 이율곡은 누구보다도 구체적이고 명쾌한 견해를 제시하였다고 여겨진다.

이름은 비록 외국이라 하나 실은 동방의 한 제·노일 따름입니다.…
'예라 예라' 하는 것은 옥이나 비단 등의 예물만을 일컫는 것이 아닙니다. 삼국과 고려가 사대함에 게으르지 않았던 것은, 그것이 정말로 의리가 있어 능히 그 정성을 다하였는지, 대국의 도움을 빌려 적국을 제압하려고 했던 것은 아닌지, 위세에 눌리어서 진심으로 복종하지 않았던 일은 없는지, 감히 알지 못하겠습니다. 그 예의는 비록 부지런했으나 반드시 의리에 맞지는 않았고, 그 의례는 비록 성했으나 반드시 그 정성이 있지는 않았으니, 어찌 우리 국가가 필히 의리로써 (섬기고) 필히 정성

---

183) 『조선명종실록』 권17, 9년 7월 18일 병진: 雖曰保民之道 其論不足取也. 이와 유사한 내용은 그 1년 전 포획한 왜인을 중국에 보낼 것인지의 논란에서도 드러난다(『조선명종실록』 권15, 8년 7월 24일 무진).

184) 『조선영조실록』 권87, 32년 2월 1일 기해: 至於勝國 朝金暮元 惟視强弱而向背之.

으로써 (섬기는) 것과 똑같이 말할 수 있겠습니까.…

　신이 듣건대, "아랫사람이 윗사람 섬김에는 쉽고 어려움 때문에 그 마음을 바꾸지 아니하고, 성함과 쇠함 때문에 그 예의를 폐하지 아니 한다" 하오니, 능히 이를 행하고 있는 것은 오직 우리 국가가 중조를 섬김바로 이것입니다.… 중화와 동방이 합하여 한집안이 되어…. 이제 소국이 대국을 섬겨 군신의 지위가 이미 정하여졌으니, 때의 어려움과 쉬움을 헤아리지 말고 형세의 이로움과 해로움에 꺾이지 아니하고 그 정성을 다하는 데 힘쓸 따름입니다.[185]

　즉 사대는 상황의 변화에 따라 좌우되는 것이 아니라 오직 의리와 정성을 다 해야 한다고 주장하며, 삼국이나 고려의 사대는 진정한 것이 아니고 조선만이 이를 행하고 있다고 자부하였던 것이다. 본래 예는『예기』의 첫대목에서 강조하듯이 '공경'이 그 핵심원리였다.[186] 따라서 예규범인 사대를 행하는 데에도 정성과 성의를 다해야 하였음은 물론이다.

　한편 중국과 조선 사이에 요구되는 예적 관계는 더 나아가 조선과 야인·왜인 간에서도 지켜져야 하는 규범이기도 하였다. 예컨대 조선이 대마도에 보낸 문서에서 다음과 같이 요구하고 있다.

　무릇 아랫사람은 마땅히 삼가 그 직공(職貢)을 닦아야지 감히 법을 범하면서까지 은혜를 바라서는 안 되는 것이며, 윗사람도 마땅히 오는 사람을 감싸주기를 소홀히 해서는 안 되지만 법을 어기면서까지 넘치도록 은혜를 베풀어서는 안 되는 것이다. 이렇게 한 뒤에야 상하의 법도가

---

185)『율곡전서』습유 권4, 잡저 貢路策;「국역 율곡집 1」(민족문화추진회, 1968), pp.287~95: "名雖外國, 而實東方一齊魯耳.… 華夏東方, 合爲一家… 今夫以小事大, 君臣之分已定, 則不度時之艱易, 不揣勢之利害, 務盡其誠而已."

186)『예기』곡례상 1절: 毋不敬

이루어져서 걱정이 없게 된다.[187)

대체로 큰 나라를 섬기고 작은 나라를 돌보는 것은 (서로의) 신의를 소중히 여기는 것이지, 이해를 걱정하는 것이 아닙니다.··· 이제 만약 신의는 돌아보지 않고 이익만을 추구한다면 바로 맹자(孟子)의 '약탈하지 아니하고는 만족하지 않는다'는 말에 가까울 것이니, 양료(糧料)의 많고 적음과 손익이 얼마나 되는지를 가지고 천백 년이나 서로 믿어온 신의를 손상한단 말입니까.··· 작은 이익에 구애되어 큰 신의를 해치지 말기를 깊이 바라는 바입니다. 이제 족하와는 땅은 비록 다르나, 의리는 한 나라와 같으므로···188)

즉 큰 나라든 작은 나라이든 법도를 지키면서 이익추구보다는 신의를 지켜나가야 한다고 강조하였다. 본래 유교에서는 "예를 귀하게 여기고 재물을 천하게 여기며, ··· 예를 먼저하고 재물을 뒤로한다"189)라고 하여, 재물보다는 예가 중요하다고 강조하였던 것이다.

Ⅳ. 유교문명권의 책봉·조공 예규범

이미 언급하였듯이 유교문명권에서 하늘은 우주만물을 주재하는 최고의 신으로서 지고무상의 절대적 존재였으며, 인간사회를 다스리는 것도 하늘의 뜻을 받아야 된다고 여겼다. 인간세상의 최고 통치자는 바로 하늘의 아들 곧 '천자'라고 일컬었으며, 천자는

---

187) 『퇴계집』 권8, 書 禮曹答對馬島主宗盛長, 頁50~51.

188) 『율곡전서』 권13, 應制文 禮曹答對馬島主書, 頁8~9: 事大字小信義爲重, 利害非所恤也··· 今與足下壞地雖殊 義同一國.

189) 『예기』 향음주의: 貴禮而賤財··· 先禮而後財.

또한 하늘의 대리인이자 하늘과 인간의 중개자이기도 하였다.190)
일찍이 공자는 "오직 천자만이 하늘로부터 명을 받는다"191)면서,
"하늘에는 두 해가 없고 땅에는 두 임금이 없다"192)고 하였다. 한
대의 동중서도 "천자는 하늘로부터 명을 받고, 제후는 천자로부터
명을 받는다"193), "오직 천자만이 하늘로부터 명을 받고, 천하는
천자로부터 명을 받는다"194)고 하여, 천명사상 내지 대일통사상을
잘 드러내주었다. 이처럼 유교문명권에서는 천명을 받은 천자로부
터 명 즉 책봉을 받아야 정통성을 인정받고 국왕지위를 공인받는
것으로 여겼던 것이다.

본래 책봉은 조동일의 지적대로 강대한 제국이 인접 국가를 지
배하는 정치형태가 아니라, 문명권의 동질성과 내부적인 결속을
이루는 중세의 특징적인 제도였다. 즉 무력의 강약에 의해 이루어
지고 강자가 약자를 지배하는 관계가 아니라, 문화적인 관계였던
것이다. 문명권마다 하나만 존재하는 천자가 문명권의 여러 국왕
들을 책봉해야 하는 것으로 믿었으며, 책봉 절차를 거쳐야 국왕의
지위가 공인되었다. 천자의 책봉을 받은 나라들은 모두 같은 문명
권에 함께 소속되어, 하늘이 부여한 도리를 공동으로 수행한다고
생각하였다. 책봉은 국서를 교환하면서 추진되고 천자가 국왕에게
고명과 인신을 수여하는 행위로 구체화되며, '공물'이라는 물품과
답례인 하사품을 주고받으며 물물교환이 수반되었다. 국서가 문명

190) 이춘식(1997), pp.108~21; 김충열(1994), pp.142~48, 170~77.
191)『예기』표기: 唯天子受命於天.
192)『예기』방기: 天無二日 土無二王.
193)『춘추번로』순명 제70: 天子受命於天 諸侯受命於天子.
194)『춘추번로』위인자천 제41: 唯天子受命於天 天下受命於天子.

권의 동질감을 문장으로 표현하는 구실을 하였다면, 조공과 그에 수반되는 무역은 물질의 교환을 이루게 함으로써, 문명권의 동질성을 이중으로 다져나갔던 것이다.[195] 따라서 피책봉국가들은 천자로부터의 책봉을 매우 자랑스러워하였으니,[196] 이는 조선은 물론이고 유구[197]나 월남[198]의 경우도 마찬가지였다.

한편 조공은 책봉과 표리를 이루는 것으로,[199] 『예기』에서 "조근의 예는 군신관계의 대의를 밝히기 위한 것"이라며 "조근의 예를 폐기하면 군신의 지위를 잃게 된다"[200]고 하였다. 본래 『주례』

---

195) 조동일의 지적대로 책봉은 보편종교에 따라 문명권이 나누어진 중세에만 존재하였으며, 근대 민족국가의 배타적 주권의식이 등장하면서 사라졌다. 즉 천자와 국왕 간의 위계질서가 부정되고 각국 통치자들의 대등관계가 등장하면서(예컨대 동아시아 국가들이 모두 황제를 칭하면서), 근대가 시작되었다. 조동일(1999a), p.39, 50 참조.

196) 조동일에 따르면 이슬람권에서도 술탄이나 지방 군주들은 통치의 정당성·합법성을 확보하기 위해 신의 대리인이며 종교와 세속정치의 수장인 칼리파(khalifa)의 권위에 의존하였는데, 자신들의 권력은 칼리파의 재가로 보장받는다고 믿었으며 따라서 책봉 받는 것을 커다란 명예로 여겼다. 즉 이슬람세계의 술탄이나 군주라면 마땅히 칼리파에 대한 '충성의 맹세'와 '충성의 맹세에 따르는 의무사항 선언'을 해야 하였으며 이는 바로 칼리파의 책봉을 받아야 한다는 의미로서, 책봉을 받음으로써 자신의 권한이 약화되거나 부정되는 것이 아니라 공인 받는 것이었다. 따라서 책봉을 받지 않은 통치자는 찬탈자이거나 불신자(이교도)로 여겨져 백성들이 불신하고 따르지 않게 되어 종종 전쟁을 일으켜 책봉을 강요하기도 하였으며, 전쟁에서 승리한 후에도 여전히 칼리파의 책봉을 받고 존경을 표시하며 지고의 존재로 받들었다. 조동일(1999a), pp.62~79.

197) 유구는 조선에 보낸 자문에서 "지금 대명 황제의 먼데 사람을 회유하시는 은혜를 입어 영광스럽게 왕작을 봉해 이 지방을 관장하게 되었으니…(『조선태종실록』 9년 9월 21일 경인)", "폐방이 귀국과 비록 멀리 떨어져 있지만 함께 천조(명)에 칭신하는… 폐방이 근년에 관복을 반사하고 왕작을 습봉하는 천조의 황은을 입어 비로소 귀국과 형제의 정을 맺어 함께 천조의 번병으로 고굉의 신하가 되었습니다.… 오늘 이후로는 영원히 동맹을 맺어 귀국은 형이 되고 폐방은 동생이 되어 천조를 부모로 섬기면서 화목하게 지내고 빙문하여 영원히 변하지 않기를 바랍니다(『조선광해군일기』 원년 3월 22일 계묘 및 원년 12월 21일 무진)" 운운하였다.

198) 안남국왕이 청에 보낸 사은주문에서 "진실로 오늘날 위대하신 황제께서 커다란 은혜를 내리시고… 남방에서 제후의 법도를 길이 지켜나가게 하고자… 신은 실로 여러모로 부족한 사람으로서 이런 영광을 입게 되었는데… 어떻게 천지 같으신 은혜에 만분의 일이나마 보답하겠습니까.… 삼가 생각건대 신은 외람되게 봉작을 받고 즉시 남쪽 지방 울타리 역할을 맡은 셈인데… 신은 자손 대대로 황제의 가르침을 삼가 준수하여 대청국을 받들어 나갈 것입니다. 신은… 영광스럽게도 봉호를 받게 되었으니 스스로 물어보아도 이를 보답할 길이 없습니다(『조선정조실록』 14년 3월 2일 정미)"고 하였다.

199) 김한규(2005), pp.31~32, p.64.

200) 『예기』 경해: 朝覲之禮 所以明君臣之義也, 聘問之禮 所以使諸侯相尊敬也… 聘覲之禮廢 則君臣之位失.

의 '빈례'는 주왕(천자)과 제후들 간의 관계에 적용되는 것이었으나, 통일제국인 한대부터 황제와 외국 군주들 관계에도 준용되기 시작하였으며 당대에 확립되고 송대를 거쳐 명대에 와서 완비되었다.[201]

이처럼 중국왕조들이 책봉·조공예의를 상세히 규정하고 이행해나간 것은 무엇보다 그 정치적 의의가 막중하였기 때문이었다. 즉 예치질서를 통하여 국내는 물론 외국까지 포함되는 천하질서를 유지하려 하였던 것이었다. 따라서 주변의 여러 조공국들과 명분상 상하군신관계를 예치질서 속에 구현함으로써 '천하공주'로서의 황제의 권위와 위상을 새롭게 재확인해 나갔으며 이는 대외는 물론 대내적으로도 필요하였던 것이다.[202] 한편 조공국들은 책봉을 받음으로써 권력의 정통성을 인정받아 국내정치적 안정과 함께 유교문명권의 정식 회원국이 됨으로써 대외적 위상을 높이기도 하였다.[203]

---

201) 김성규(2003), pp.71~100. 명 홍무 3년(1370)에 만든 『명집례』의 빈례는 '번왕조공', '번사조공' 및 '견사'의 세 가지 예의로 이루어져 있으며(『明集禮』 권30~32, 賓禮1~3; 『명사』 권56, 志제32 禮10 賓禮), 『명회전』에도 조공과 관련하여 그 횟수와 사절규모·노정, 조공품과 하사품, 표문과 감합, 각종 금령 등 상세한 절차와 규정이 만들어 졌다(『明會典』 권105~112, 禮部63~70). 즉 명대에 이르러 구체적인 책봉조공 관련 규정을 두었는데, 이와 관련하여 김경록(2012), pp.1~27; 李无未(1998), pp.48~50, 131~32; 萬明(2000), 2장; 李雲泉(2004), 2장, 4장 3절; 李慶新(2007), 2~4장; 付百臣(2008), 4장 등 참조. 한편 청대의 조공 관련 규정은 명대의 것을 기초로 하면서도 유목민의 전통과 실제 대외관계의 경험을 통하여 고쳐나간 것이다(『淸史稿』 권91, 志66 禮10 빈례; 『淸會典』 禮部 主客淸吏司; 『淸會典事例』 禮部 朝貢). 청대의 경우 陳志剛(2000), 3장, 6장; 李雲泉(2004), pp.204~10; 王開璽(2009), 1장; 曹雯(2010), 1장; 張雙智(2010); 何新華(2011), 1~4장; 尤淑君(2013), 1장 등의 연구가 있다.

202) 물론 중국 역대왕조가 현실적으로 항상 우월한 지위를 유지했던 것만은 아니다. 예컨대 한대 초기에 흉노와의 대등관계, 송대에는 요·금과 대등 내지 열등관계였던 시기도 있었다.

203) 이용희(1977), pp.160~63, p.165; 李揚帆(2012), pp.234~35; Kim(1980), pp.9~15. 또한 정치 이외에 경제와 문화 차원의 이유도 있었다. 이와 관련하여 이용희는 "명분으로서의 가치관에는 사대의 예로써 무엇을 얻느냐 실리는 무엇이냐 하는 것이 강조되고 있지 않았다"고 지적하였다. 이용희(1977), pp.158~59. 조동일의 지적대로 중세인들은 실리보다는 명분이나 명예를 중시하였던 것이다. 조동일(1999a), p.63, 95. 앞서 인용한 정이는 임종 직전에 제자가 찾아와서 "선생님의 평생의 학문이 바로 지금에야말로 도움이 될 것입니다"라고 하자, "도의 학문에서 도움이 된다는 따위로 말하는 것은 옳지 않다"고 타일렀다고 한다. 즉 도학의 근본이념은 다른 무엇을 위해서가 아니라, 도 그 자체를 위해서 도를 배우고 실천하는 것이다. 島田(1986), p.69. 같은 시대의 학자 장식은 "대개 성학(聖學)은 '위하는 바가 없이 하는 것'이며… '위하는 바가 있어서 하는 것은 모두 인욕의 사[人欲之私]이니, 이것이 의와 이의 구분[義利之分]"이라 하였다. 오석원, 『한국 도학파의 의

끝으로 중국이 조공국들에게 요구한 것은 무엇이었는지 살펴보고자 한다. 본래 유교에서는 "교화를 닦을 뿐이지 그 풍속을 바꾸지 않으며 정령을 가지런히 할 뿐이지 그 지역의 고유습속을 바꾸지 않는다"[204]라고 하여, 기본적으로 매우 관후한 태도를 강조하고 있다. 실제로 명대의 경우 조선에 보낸 국서에서 "만일 천리를 어기고 인륜에 어긋나는 일이 없으면 그들 나라 안에서 스스로 주장하도록 하게 하라"[205]며 '천리와 인륜' 곧 예를 지키라고 요구하였다. 임란 때 명 황제가 선조에게 보낸 칙유에서도 "짐이 왕을 대함에 비록 외번이라 부르지만 그러나 조빙예문 외에는 왕에게 병사 하나, 역인 하나도 번거롭게 하지 않았다.… (조선의) 조그마한 땅이라도 짐은 관여하지 않겠다.… 이제부터 존망과 치란의 기틀은 왕에게 있지 짐에게 있지 않다"라며, 이를 경계하고 삼가라고 하였다.[206] 또한 안남과 점성에게 내린 조서에서도 "하늘을 두려워하고 분수를 지키라"[207], 섬라에게 내린 칙유에서도 "분수와 예를 지키며 이웃나라들과 화목하라"[208]고 하였다. 유구에게도 "상국 섬기는 정성을 더욱 굳게 하고 공경히 신하의 절의를 지키며 공순히 직공을 닦으라"[209]고 요구할 뿐이었다. 한마디로 천리와 인

리사상』(서울: 유교문화연구소, 2005), p.31, pp.143~44.

204) 『예기』왕제: 脩其教不易其俗 齊其政不異其宜.

205) 『조선태종실록』 원년 윤3월 15일 갑진: 若果無虧天理悖人倫的事, 任他國中自主張.

206) 『명신종실록』 권264, 만력 21년 9월 병자;『조선선조실록』 권45, 26년 윤11월 12일 임진: 朕之視王, 雖稱外藩, 然朝聘禮文之外, 原無煩王一兵一役.… 尺寸之土, 朕無與焉.… 自今存亡治亂之機, 在王不在朕.

207) 『明太祖實錄』 권47, 洪武 2년 12월 임술: 諭以畏天守分之道.

208) 『明太宗實錄』 권72, 永樂 5년 10월 신축: 自今安分守禮 睦隣境. 안남에게 내린 같은 내용의 칙유는 『明英宗實錄』 권190, 景泰 원년 3월 병인: 安分守禮 保邦睦隣.

209) 『명영종실록』 권90, 정통 7년 3월 임오: 益堅事上之誠 敬守臣節 恭修職貢.

륜 즉 (신하로서의) 분수와 예를 준수하라는 것이 주 내용이었다.

한편 조공국의 경우 예의 한계를 넘어서는 요구들은 거절하기도 하였다. 예컨대 천성으로 사대하였다는 후대의 평가를 받은 세종은 명의 파병요청을 거절하기도 하였다.[210] 사대를 '예법의 상도'라고 하였던 양성지도 "예법은 본국의 풍속을 따라야 한다"[211]라면서 "먼저 스스로를 다스리는 것이니, 대개 고금 천하와 국가의 일은 자치보다 큰 것이 없다"[212]라 하여, 사대와 자주가 배타적이라기보다는 자연스럽게 병존하는 것임을 드러내고 있다.[213] 사대란 이해득실이나 난이·성쇠에 따라 바뀌는 것이 아니라 '진심으로 복종'하고 '의리와 정성을 다해야 하는 관계'라고 역설하였던 이율곡도 사대의 예란 성심껏 부지런히 조공을 행하고 "각기 그 봉강을 잘 지킬 뿐"이라면서, 이를 벗어나는 일은 '사대의 예'와는 무관하며 중국이 이런 문제에 개입하는 것도 '비례'라고 보았던 것이다. 예컨대 율곡은 중국 요양지방의 기민 구제여부에 대하여 "강역은 한계가 있고 정치는 서로 관여하지 않으니, 중국의 유민은 중국이 마땅히 진휼해야 한다. (조선의) 창고곡식은 유한하고 (중국의) 유민은 무수하니 능히 다 지급될 수 있겠는가?… 어찌 헛된 은혜를 쫓아 스스로 나라를 병들게 할 것인가"라면서 "우리의 중국 섬기는 예절이나 힘쓰고 각기 그 경계나 잘 지킬 뿐"[214]이라며 반

---

210) 계승범(2009b), pp.94~101.

211) 『조선세조실록』 권1, 1년 7월 5일 무인: 儀從本俗.

212) 『조선세종실록』 권127, 32년 1월 15일 신묘: 先自治. 盖古今天下國家之事, 莫大於自治.

213) 이용희는 사대와 자주를 대립시키는 것은 '사대는 타력의존의 나쁜 것으로 규정하고 그에 대하여 자주독립이다' 하는 식의 발상으로, 사대의 명분에서는 그러한 대치를 무의미하게 하는 것이었다고 지적하였다. 즉 고유의 전통과 사대는 자연스럽게 병존하였다면서, 사대와 자주를 대립적으로 생각하는 것은 의미가 없다고 하였다. 이용희(1977), p.159, 181~82.

대하였던 것이다. 또한 율곡은 명나라가 의주 부근에 진(鎭)을 설치하고 널리 개간하려 하자, 그렇게 된다면 조·중 양 국민 간의 왕래가 빈번해지고 또한 사단이 일어나는 등 반드시 후환이 많을 것이라며 명에 사신을 보내어 그 중지를 주청하는 것이 마땅하다고 주장하기도 하였다.215) 병자호란 당시 인조가 청에 보낸 항복 국서에서도 "신이 바야흐로 성신으로 폐하를 섬기고 폐하께서도 또한 예의로 소방(조선)을 대하시어 군신 사이에 각기 그 도리를 다하며"216) 운운하여, 서로 성신으로 섬기고 예의로 대함으로써 '각기 그 도리를 다해야 하는 관계'임을 밝히고 있다. 다시 말해 사대는 서로 "예로써 사대하고 예로써 대우하며"217), "진심으로 복종하고 진심으로 돌보아주며"218), "사대의 예"는 물론 "사대의 정성"까지 갖춰야 하는 관계였던 것이다.219)

물론 황제는 유교문명권의 최고 수호자였던 만큼 "천리를 어기고 인륜에 어긋나는" 일이 있으면 즉 예에 어긋나는 경우에는 사실조사나 경고·문죄 또는 부득이한 경우 (물론 현실적 수단이 뒷받침되어야 가능하였지만) 출병 등 합당한 조치를 취하는 것이 당연시되었다.220) 그러나 예교의 명분에서 사대자소의 관계가 일단

---

214) 『율곡전서』 습유 권5, 잡저 시폐칠조책, 頁28: 封疆有限 政不相關… 敦吾事大之禮而各守其境而已; 黃枝連(1992), 4편 4절.

215) 『율곡전서』 권29, 경연일기2 만력 4월, 頁50.

216) 『조선인조실록』 권34, 15년 정월 23일 계해: 臣方以誠信事陛下 陛下亦以禮義待小邦 君臣之間 各盡其道; 『청태종실록』 숭덕 2년 정월 갑자.

217) 『조선명종실록』 권8, 3년 8월 6일 무신: 本國事大以禮, 天朝亦以禮待之久矣.

218) 『조선숙종실록』 권32, 24년 4월 29일 계유: 誠服誠恤.

219) 『조선영조실록』 권119, 48년 10월 27일 무자: 事大之誠今無可論 而事大之禮不可廢.

220) 이용희(1977), p.161; 권선홍(2004), pp.98~99, 140~43. 예컨대 명나라 예부에서 조선에 보낸 서신에서 "중국이 그대의 삼한 나라와 매우 가까우니 이륜의 도리가 조금이라도 틀린 점이 있다면 어찌 책망하지 않는 예절이 있겠습니까?[中國與爾三韓密邇. 彝倫之道 縱有訛謬 安有不責之於禮乎]",

성립되면 이른바 내정간섭이라든가 정치 관여는 존재하지 않던 것이 원칙이었다.221) 즉 조공국은 책봉을 받고 정해진 기간에 조공을 행하며 중국연호를 사용해야 하였는데, 무엇보다 황제의 신하로 자처하는 '칭신(稱臣)'과 고두례 등 정해진 예절을 이행하면 그만이었던 것이다. 황제와 국왕 간의 관계는 사절을 통해 이루어졌는데, 무엇보다 외교문서가 핵심적이었다.222) 다시 말해 책봉과 조공 특히 외교문서의 격식이나 호칭과 관련하여 기본적인 예규범만 제대로 이행한다면 중국은 원칙적으로 관여하지 않는 관계였던 것이다.223)

이처럼 예에는 일정한 '절도'와 '한계'가 있었던 만큼, 중국과 조공국 간에 적용되는 예규범에서도 마땅히 지켜야 할 법도가 있었던 것이다. 즉 부자나 군신관계가 천지간의 존비관계처럼 비록 상

(『조선태조실록』 권14, 7년 5월 14일 경신)라 하였고, 국왕 선조는 명사에게 "반역자를 토벌하고 포악한 자를 주벌하는 것은 제왕의 성전[伐叛誅暴 帝王盛典]"(『조선선조실록』 권45, 26년 윤11월 12일 임진)이라 하였다.

221) 반면에 간섭이 생기고 정치적 압력이 가하여지는 것은 대개 사대의 명분에 분규가 생긴 경우 곧 새로운 정치세력이 정통의 명분 없이 무력으로 상국의 지위를 인정시키려는 준전시적인 분위기에서 발생하는 것이 보통이었다. 요·금·원과 고려, 청과 조선 간의 분규가 그러한 예라 하였다. 또 하나 간섭의 예로는 유교권의 명분을 어겼다고 해서(찬탈 등) 견책 또는 조공 단절하는 경우인데, 예컨대 명나라 초기에 안남의 여일원(黎一元)이 '殺君不道'하다고 하여 절조공하고 견책한 것을 들 수 있다. 이용희(1962), p.57, 59; Kim(1980), pp.8~9. 또한 鄭永常, 『征戰與棄守: 明代中越關係 研究』(대남: 국립성공대학출판사, 1998); John K. Whitmore, *Vietnam, Ho Quy Ly, and the Ming(1371~ 1421)* (New Haven: Yale Southeast Asia Studies, 1985) 등 참조.

222) 송·명·청대 중국사절의 조선사행록을 연구한 김한규는 "책봉과 조공이 예 그 자체"였기 때문에 "책봉-조공관계는 예에서 출발해서 예에서 끝나는 관계였다"고 지적하였다. 김한규(2011), p.146, 심재권은 조선이 명청에 보낸 국서는 당시 관념상 바로 '예'의 표현이라 하였다(심재권, "조선의 대명청문서로 인한 갈등사례 분석", 『고문서연구』 제34호, 2009, p.101).

223) 임민혁은 조선 내에서 사사로이 묘호를 사용하였는데 이는 참례이기 때문에 논란이 많았지만 정작 명은 별다른 간섭을 하지 않았다며, 양국 간의 사대관계가 조공·책봉이라는 제한적 기능에 머물렀다고 하였다(임민혁, "조선시대의 묘호와 사대의식", 『조선의 예치와 왕권』[서울: 민속원, 2012], pp.283~309). 또한 정동훈도 조선 태조 때의 표전문제에서 보듯이, 명은 외교현안에서 실재 사건보다는 대체로 예제 문제를 빌미로 삼았다고 지적하였다(정동훈, "고려-명 외교문서 서식의 성립과 배경", 『한국사론』 56, 2010, p.194).

하 차등적이나 결코 일방적이라기보다 쌍무적인 관계였듯이,224) 황제와 국왕도 각기 도리를 다해야 하는 관계였던 것이다. 따라서 만일 중국이 예를 벗어나 조공국에 관여를 한다면, 이는 '비례'에 해당하는 것이기도 하였다.225) 유교권에서 예냐 아니냐[非禮]의 여부는 모든 행위의 시시비비와 선악을 판별하는 가치기준이었으며,226) 천자도 스스로 그 모범을 보여야하였음은 당연한 것이었다.

이처럼 예에는 일정한 한계가 있다는 원칙과 위에서 언급한 양성지나 율곡의 주장 등에서 알 수 있듯이, 적어도 유교사상에서 본다면 유교권의 국제관계는 '예규범에 근거한 관계'가 그 핵심이었다고 하겠다. 이미 언급하였듯이 이념과 현실은 괴리되기 쉬우며, 실제 그러한 예규범이 제대로 준수되지 못한 경우도 적지 않았음은 물론이나, 적어도 유교 사상에서 본다면 이와 같은 결론을 내릴 수 있다고 하겠다.227) 한마디로 유교문명권의 국가들은 서로 기본적인 분수를 지키면서, 이른바 '천하'라는 큰 나라 속에 제후의 나라인 '국'이 포함되는 즉 단순한 상하라기보다는 대소 상포(相抱)의 독특한 관계였던 것이다.228) 일찍이 『주례』에서는 "작은 나라

---

224) 예컨대 『논어』 팔일 19장; 『예기』 예운; 『대학』 전 3장 등 참조.

225) 일찍이 『춘추좌전』에서도 왕이나 제후들의 예에 어긋나는 사례들을 기록하고 있다. 예컨대 "주천자가 가보를 (노나라로) 보내 수레를 요구하였는데, 이는 예가 아니다. 제후는 (천자에게) 수레와 예복을 바치지 않고, 천자는 (제후에게) 사사로이 재물을 요구해서는 안 된다[天王使家父來求車, 非禮也, 諸侯不貢車服, 天子不私求財]"(桓公 15년 봄), "(주왕실의) 모백 위가 오나라에 찾아와 [주 양왕(襄王)을 예장하기 위한] 금을 요구하였는데, 이는 예가 아니다[毛伯衛來求金, 非禮也](文公 9년 봄 을축; 『춘추공양전』 문공 9년 봄 傳 "王者無求. 求金, 非禮也.")"라며, 비판하였다.

226) 박종천(2008), 57~58; 馬小紅, 『禮与法』(북경: 북경대학출판사, 2004), p.200.

227) 일찍이 이용희는 "양성지가, 몽고가 용병을 해서 병을 써가지고 고려를 굴복시켜 조공관계에 들어간 것은 사대관계가 아니라고 판단"하였다며, 명분상으로 보면 "그 점은 결정적"이라고 지적하였다. 이용희(1977), p.181.

228) 이용희(1977), pp.147, 156, 165, 173, 173~77; 黃枝連(1992), p.129. 한편 이용희는 유교권의 국가형태가 근대 서구와는 전혀 다르기 때문에 주권이라는 근대적 개념으로는 도저히 이해할 수 없는 독특한 형태라고 하면서, 장차 도래할 세계평화를 지향하는 국제주의 사회를 상정하는 경우에 암

와 큰 나라가 서로 연계되어 있다"229)고 하였으며, 명나라 영락제가 일본국왕에게 보낸 새서에서도 "큰 나라와 작은 나라가 상하서로 연계되어 있다"230)고 하였다. 유교에서는 "개인·가족·국가를 처음의 것이 다음의 단계로 통합되고 하나의 원리가 각 단계로 파동적으로, 동심원적으로 확대되어 가는 과정"231)으로 보았던 것이다. 조선말의 이항로는 공리(公理)라는 것이 "하늘로 땅을 품고 양으로 음을 품어주며 큰 나라로 작은 나라를 돌보아주고 어진 사람으로 어리석은 사람을 길러주는 것으로서, 천리와 인사의 당연한 것"232)이라 하였는데, 이는 유교문명권의 국가 간 관계를 적절히 표현한 것이라고 여겨진다.

V. 맺음말

유교문명권의 국제관계를 제대로 이해하려면 무엇보다 서구중심주의와 근대지상주의라는 기존 관념에서 벗어나 문명권차원에서 그리고 역사적 맥락에서 접근할 필요가 있으며 무엇보다 유교사상 특히 예규범에 대한 파악이 핵심과제이다.

우선 유교권에서는 하늘을 위시한 우주자연의 법칙을 상정하고

시하는 바가 없지 않은 것 같다고 적극 평가하였다.

229) 『주례』 하관 직방씨: 凡邦國大小相維.

230) 『명태종실록』 권193, 영락 15년 10월 을유: 大邦小國 上下相維.

231) 이영찬, "유가의 국가론: 이기론을 중심으로", 최석만·이영찬 외, 『유교적 사회질서와 문화, 민주주의』(광주: 전남대학교출판부, 2006), p.161.

232) 『華西雅言』 권9, 響背 제27, 頁25: 何謂公理 以天包地 以陽包陰 以大字小 以賢養愚 天理人事之當然也; 『화서집』, 김주희 역(서울: 대양서적, 1973), p.293.

인간세상에서도 이를 본받고 따라야한다고 하였다. 예는 바로 도·리가 지상에서 구현된 것으로 개인은 물론 가정·사회·국가 나아가 국가 간에도 적용되는 규범이었다. 무엇보다 예는 상하·존비·귀천이나 친소·원근 등을 구별하는 기능을 바탕으로, 중화와 이적을 구별함은 물론 인간과 금수를 구별해주는 핵심기준이었다. '속발관대'로 상징되는 예규범은 유교문명인들에게는 바로 '존재이유' 그 자체였다고 하겠다.

다음으로 사대자소는 유교권의 국제관계에서 당연히 해야 하는 예규범이었다. 물론 사대가 국가보존의 수단이라는 인식도 존재하였지만, 정통유교사상에서 본다면 지극히 '당연한 예'이자 '천리'였던 것이다.

나아가 책봉은 하늘로부터 천명을 받아 온 천하를 다스리는 천자로부터 왕권의 정통성과 국왕지위를 공인하는 중요한 의례행위였다. 또한 『중용』의 "후왕박래(厚往薄來)"원칙은 중국과 조공국 관계뿐 아니라 조선과 야인·왜인 사이에서도 적용되는 규범이기도 하였다.

끝으로 명분이나 이념은 실제 현실과는 괴리가 있게 마련이며, 따라서 예규범과 실제 역사적 상황과의 대비 작업이 보완될 필요가 있다. 또한 중국과 유구·월남 및 일본과의 관계를 포함하여 유교권의 국제관계를 종합적으로 고찰하고, 나아가 다른 문명권들의 경우와도 비교분석해야 한다고 본다. 아울러 '나라가 망하더라도 도는 지켜야 한다'며 하나의 거대한 유기체적 문명공동체를 중시하고 '동문(同文)의식'으로 상징되는 유대감을 공유하였는데, 이를 밝혀내어 장차 지역협력체로 나아가는 소중한 토대로 적극 계승·발전시킬 필요가 있다고 판단된다.

참고문헌

『周禮』, 『儀禮』, 『禮記』, 『春秋左傳』, 『春秋公洋傳』, 『管子』, 『荀子』, 『韓非子』, 『漢書』, 『春秋繁露』, 『鹽鐵論』, 『春秋胡傳』, 『四書集註』, 『孝經』, 『春秋胡傳』
『삼국사기』, 『고려사』, 『조선왕조실록』, 『삼봉집』, 『양촌집』, 『퇴계집』, 『율곡 전서』, 『송자대전』, 『여헌집』, 『미수기언』, 『열하일기』, 『화서집』, 『면암집』, 『의 암집』, 『간재집』, 『민충정공유고』
유인석, 서준섭 외 옮김(2002), 『우주문답』, 춘천: 의암유인석선생기념사업회.

강상규(2009), "1884년 '의제개혁'에 대한 정치적 독해", 『세계정치』 제30집 2호.
계승범(2009a), "조선시대 동아시아질서와 한중관계: 쟁점별 분석과 이해", 동 북아역사재단(편), 『한중일학계의 한중관계사 연구와 쟁점』, 서울: 동 북아역사재단.
계승범(2009b), 『조선시대 해외파병과 한중관계』, 서울: 푸른역사.
권선홍(2004), 『전통시대 동아시아국제관계』, 부산: 부산외국어대학교출판부.
권선홍(2009), "유교문명권의 외교", 권선홍 외, 『외교론』, 부산: 부산외국어대 학교출판부.
권선홍(2010), "유교문명권의 국제관계: 책봉제도를 중심으로", 『한국정치외교 사논총』 31집 2호.
김경록(2012), "홍무제의 대외인식과 조공제도의 정비", 『명청사연구』 37집.
김당택(2009), 『한국대외교류의 역사』, 서울: 일조각.
김상준 외(2007), 『유교의 예치이념과 조선』, 고양: 청계.
김성규(2003), "중국왕조에서 빈례의 연혁", 『중국사연구』 제23집.
김성규(2009), "미국 및 일본에서 '전통중국의 세계질서'에 관한 연구사와 그 특징비교", 『역사문화연구』 32집.
김용구(1997), 『세계관 충돌의 국제정치학: 동양 禮와 서양 公法』, 서울: 나남.
김진웅(2013), "조공제도에 관한 서구학계의 해석 검토", 『역사교육논집』 50집.
김충열(1994), 『중국철학사』, 서울: 예문서원.
김한규(2000), "전통시대 중국 중심의 동아시아세계질서", 『역사비평』 통권 50호.
김한규(2005), 『천하국가』, 서울: 소나무.
김한규(2011), 『사조선록 연구』, 서울: 서강대학교출판부.
도민재(1998), "조선전기 예학사상 연구", 성균관대학교 대학원 철학박사 학위 논문.

도현철(1999),『고려말 사대부의 정치사상연구』, 서울: 일조각.
동북아역사재단(편)(2009),『한중일학계의 한중관계사 연구와 쟁점』, 서울: 동북아역사재단.
모모키 시로(엮음), 최연식 옮김(2012),『해역아시아사 연구입문』, 서울: 민속원.
박종천(2008),『다산 정약용의 의례이론』, 서울: 신구문화사.
박종천(2011),『예, 3천 년 동양을 지배하다』, 파주: 글항아리.
박지훈(1990), "송대 화이론 연구", 이화여자대학교 대학원 박사학위논문.
박충석(2010),『한국정치사상사』 제2판, 서울: 삼영사.
안정희(1997), "조선초기의 사대론",『역사교육』 64.
왕원주(2001), "한국근대이행기 화이관의 변화와 민족의식", 연세대대학원 박사학위논문.
윤 피터(윤영인)(2002), "서구학계 조공제도이론의 중국중심적 문화론 비판",『아세아연구』 제45권 3호.
이동주(1955),『국제정치원론』, 서울: 장왕사.
이용희(1958),『정치와 정치사상』, 서울: 일조각.
이용희(1962),『일반국제정치학(상)』, 서울: 박영사.
이용희(1977), "사대주의",『한국민족주의』, 노재봉(편), 서울: 서문당.
이용희(1994),『미래의 세계정치』, 서울: 민음사.
이익주 외(2010),『동아시아 국제질서 속의 한중관계사: 제언과 모색』, 서울: 동북아역사재단.
이춘식(1997),『사대주의』, 서울: 고려대학교출판부.
이춘식(2004),『유학의 천도관과 정치이념』, 서울: 고려대학교출판부.
전세영 외(1995),『禮樂교화사상과 한국의 윤리적 과제』, 성남: 한국정신문화연구원.
전재성(2011),『동아시아국제정치: 역사에서 이론으로』, 서울: 동아시아연구원.
전재성(2012), 하영선·손열 엮음, "'사대'의 개념사적 연구",『근대한국의 사회과학개념 형성사 2』, 서울: 창비.
전해종(1970),『한중관계사연구』, 서울: 일조각.
조동일(1999a), "책봉체제."『문명권의 동질성과 이질성』, 서울: 지식산업사.
조동일(1999b),『하나이면서 여럿인 동아시아문학』, 서울: 지식산업사.
조동일(2007),『세계·지방화시대의 한국학 6: 비교연구의 방법』, 대구: 계명대학교출판부.
한영우(1983),『조선전기 사회사상연구』, 서울: 지식산업사.

溝口雄三, 최진석 옮김(2004),『개념과 시대로 읽는 중국사상 명강의』, 서울: 소나무.

田中健夫(編)(1995),『善隣國寶記 ・新訂續善隣國寶記』, 동경: 집영사.

島田虔次, 김석근・이근우 옮김(1986),『주자학과 양명학』, 서울: 까치.

蕭公權, 최명・손문호 역(1998),『중국정치사상사』, 서울: 서울대학교출판부.

小島 毅, 신현승 옮김(2004),『사대부의 시대』, 서울: 동아시아.

小島 毅, 김용천 옮김(2007),『유교와 예』 고양: 동과서.

王琦珍, 김응엽 옮김(1999),『중국, 예로 읽는 봉건의 역사』, 서울: 예문서원.

柳肅, 홍희 옮김(1994),『예의 정신』, 서울: 동문선.

張立文(編), 권호 옮김(1995),『道』, 서울: 동문선.

張立文(編), 안유경 옮김(2004),『리의 철학』, 서울: 예문서원.

朱日耀, 정귀화 옮김(1999),『전통중국정치사상사』, 부산: 신지서원.

蔡尙思, 이광호 옮김(2000),『中國禮敎思想史』, 서울: 법인문화사.

馮禹, 김갑수 옮김(2008),『동양의 자연과 인간 이해: 중국의 천인관계론』, 서울: 논형.

甘懷眞(2008),『皇權,禮儀与經典詮釋』, 상해: 화동사범대학출판사.

勾承益(2002),『先秦禮學』, 성도: 파촉서사.

『古代中越關係史資料選編』(1982), 북경: 중국사회과학출판사.

賴正維(2011),『淸代中琉關係硏究』, 북경: 해양출판사.

馬小紅(2004),『禮与法』, 북경: 북경대학출판사.

朴興鎭(編)(2007),『中國二十六史及明淸實錄東亞三國關係史料全輯』 전5권, 연길: 연변대학출판부.

萬明(2000),『中國融入世界的步履: 明与淸前期海外政策比較硏究』, 북경: 사회과학문헌출판사.

付百臣(編)(2008),『中朝歷代朝貢制度硏究』, 장춘: 길림인민출판사.

徐杰令(2004),『春秋邦交硏究』, 북경: 중국사회과학출판사.

孫衛國(2007),『大明旗號与小中華意識』, 북경: 상무인서관.

宋成有(2011),『東北亞史硏究導論』, 북경: 세계지식출판사.

楊志剛(2001),『中國禮儀制度硏究』, 상해: 화동사범대학출판사.

王開璽(2009),『淸代外交禮儀的交涉与論爭』, 북경: 인민출판사.

王啓發(2005),『禮學思想體系探源』, 정주: 중주고적출판사.

尤淑君(2013),『賓禮到禮賓: 外使觀見与晩淸涉外體制的變化』, 북경: 사회과학문헌출판사.

雲南省 歷史硏究所(編)(1985), 『淸實錄越南緬甸泰國老撾史料摘抄』, 곤명: 운남인민출판사.

劉豊(2003), 『先秦禮學思想与社會的整合』, 북경: 중국인민대학출판사.

李慶新(2007), 『明代海外貿易制度』, 북경: 사회과학문헌출판사.

李國祥(編)(1991), 『明實錄類纂: 涉外史料卷』, 무한: 무한출판사.

李金明(1990), 『明代海外貿易史』, 북경: 중국사회과학출판사.

李无未(1998), 『中國歷代賓禮』, 북경: 북경도서관출판사.

李无未(2005), 『周代朝聘制度硏究』, 장춘: 길림인민출판사.

李雲泉(2004), 『朝貢制度史論』, 북경: 신화출판사.

李揚帆(2012), 『涌動的天下: 中國世界觀變遷史論(1500~1911)』, 북경: 지식산권출판사.

張雙智(2010), 『淸代朝覲制度硏究』, 북경: 학원출판사.

曹雯(2010), 『淸朝對外體制硏究』, 북경: 사회과학문헌출판사.

陳尙勝(1993), 『閉關与開放: 中國封建晚期對外關係硏究』, 제남: 산동인민출판사.

陳尙勝(1997), 『'懷夷'与'抑商': 明代海外力量興衰硏究』, 제남: 산동인민출판사.

陳戌國(2002), 『中國禮制史(先秦卷)』, 長沙: 호남교육출판사.

陳潮(1996), "傳統的華夷國際秩序与中韓宗蕃關係", 復旦大學 『韓國硏究論叢』 제2집.

李澍田(編)(1991), 『淸實錄中朝關係史料摘編』, 길림: 길림문사출판사.

鄒昌林(2000), 『中國禮文化』, 북경: 사회과학출판사.

彭林(2004), 『中國古代禮儀文明』, 북경: 중화서국.

何新華(2011), 『威儀天下: 淸代外交禮儀及其變革』 상해: 상해사회과학원출판사.

何新華(2012), 『最後的天朝: 淸代朝貢制度硏究』 북경: 인민출판사.

黃純艶(2014), 『宋代朝貢體系硏究』, 북경: 상무인서관.

黃枝連(1992, 94, 95), 『天朝禮治體系硏究(上・中・下卷)』, 북경: 중국인민대학출판사.

Buzan, Barry & Richard, Little(2000), *International Systems in World History*, Oxford: Oxford University Press.

Djang, Chu(章楚)(1935), "Chinese Suzerainty: A Study of Diplomatic Relations between China and Her Vassal States, 1870~1895", Ph. D. Dissertation, Johns Hopkins University.

Fairbank, John K. & Ssu-yu, Teng(1941), "On the Ch'ing Tributary System", *Harvard Journal of Asiatic Studies,* Vol.6.

Fairbank, John K. (ed.)(1968), *The Chinese World Order: Traditional China's Foreign Relations,* Cambridge, Mass: Harvard University Press.

Hamashita, Takeshi(濱下武志)(2008), *China, East Asia and the Global Economy,* ed. by Linda Grove & Mark Selden, London: Routledge.

Hevia, James L(1995), *Cherishing Men from Afar,* Durham: Duke University Press.

Hevia, James L(2009), "Tribute, Asymmetry, and Imperial Formations: Rethinking Relations of Power in East Asia", *Journal of American-East Asian Relations* Vol.16, Nos.1-2.

Holzgrefe, J. L(1989), "The Origins of modern international relations theory", *Review of International Studies,* Vol.15, No.1.

Kang, David C.(康燦雄)(2010.), *East Asia before the West: Five Centuries of Trade and Tribute,* New York: Columbia University Press.

Kim, Key-Hiuk(金基赫)(1980), *The Last Phase of the East Asian World Order: Korea, Japan, and the Chinese Empire, 1860~1882,* Berkeley: University of California Press.

Mancall, Mark(1984), *China at the Center: 300 Years of Foreign Policy,* New York: Free Press.

Nelson, M. Frederick(1945), *Korea and the Old Orders in Eastern Asia,* Baton Rouge: Louisiana State University Press.

Reid, Anthony & Zheng Yangwen(eds.)(2009), *Negotiating Asymmetry: China's Place in Asia,* Honolulu: University of Hawai'i Press.

Rossabi, Morris(ed.)(1983), *China among Equals: The Middle Kingdom and Its Neighbors, 10th~14th Centuries,* Berkeley: University of California Press.

Tsiang, T. F.(蔣廷黻)(1936), "China and European Expansion", *Politica,* Vol.2, No. 5.

Walker, Hugh Dyson(1971), "The Yi-Ming *Rapprochement:* Sino-Korean Foreign Relations, 1392~1592", Ph. D. Dissertation, University of California.

Wang, Yuan-kang(2013), "Explaining the Tribute System: Power, Confucianism, and War in Medieval East Asia", *Journal of East Asian Studies* Vol.13, Issue2.

Watson, Adam(1992), *The Evolution of International Society,* London: Routledge.

Wills, John E. Jr(1974), *Pepper, Guns, and Parleys: The Dutch East Indian Company and China, 1662~1681,* Cambridge: Harvard University Press.

Wills, John E. Jr(1988), *Embassies and Illusions: Dutch and Portuguese Envoys to K'ang-hsi, 1666~1687,* Cambridge: Harvard University Press.

Yun, Peter I(1998), "Rethinking the Tribute System: Korean States and Northeast Asian International Relations, 600~1600", Ph. D. Dissertation, University of California, Los Angeles.

힌두사회의 국제규범: 아르트 샤스뜨라(Arth Shastra)에 나타난 국제규범으로서의 다르마(Dharma)

고홍근_부산외국어대학교 인도어과 교수

Ⅰ. 머리말

이 연구는 힌두문명권의 국제규범에 대한 것이다. 그러나 '국제 규범'이라는 용어에서 '규범(規範)'은 광범위하면서도, 경우에 따라서는 애매한 의미를 갖고 있다. 한글사전에 따르면 '마땅히 지키고 따라야 할 본보기나 법식·제도' 또는 '인간이 행동하거나 판단할 때 마땅히 따라야 할 가치판단의 기준'이 바로 규범이다. 영어에서 규범에 해당하는 단어를 찾아보면 이 단어의 복합적인 의미는 더욱 두드러진다. 즉 '모범'을 의미할 때는 'model', '법칙이나 원칙'은 'law'나 'principle' 또 '표준'이라는 의미는 'standard'를 사용하는 경우가 많기 때문이다. 이와 같은 의미들을 바탕으로 '규범'의 성격을 정의한다면 '실정법보다는 그 구속력이 약하고, 관례 또는 관습보다는 강제성이 강한 일종의 사회적 기준'이라고 할 수 있다. 따라서 국제규범의 의미도 '국가 사이에 발생하는 여러 행동과 그 결과에 대한 가치판단의 기준'으로 정의할 수 있다. 물론 이것은 국제법의 개념과는 전혀 다른 것이고 그 기준을 어겼다고 해도 꼭

제재를 받는다는 당위성도 갖지 않는다. 예를 들어, 대부분의 고대 문명권에서 사자(使者)를 죽이지 않는다는 것은 공통된 기준이었지만 사자를 살해했다고 해도 그것이 여러 국가들의 공동제재를 받거나 가장 강력한 외교수단인 전쟁으로까지 발전하는 경우는 드물었기 때문이다.

규범을 힌디(Hindi)로 바꿀 경우 가장 먼저 떠오르는 단어는 '다르마'이다. 아마 다르마는 힌두문명권의 종교, 철학, 사상, 사회와 정치 그리고 법률 등에서 가장 많이 등장하는 단어일 것이다. 다르마의 가장 일반적인 의미는 '인간의 정의로운 의무 또는 인간이 지켜야 할 미덕(Hiro G. Badlani 2008, p.18)'이다. 힌두에게 있어서 다르마는 각 개인의 연령, 계급, 직업, 그리고 성(性)에 의해 영향을 받는다. 개인적으로는 여러 가지 욕망을 억제하여 옳고 그름을 명확하게 구별하는 것이고 사회적으로는 개인의 무제한적인 욕망에 제동을 걸어 사회 전체의 이익에 합치하도록 하는 것이다. 이것을 정치에 적용한다면 '다르마에 의한 통치', 즉 힌두적 가치와 카스트에 기반한 정의가 실현되는 국가의 구현을 의미하는 것으로 되는 것이므로 국제관계에 있어서도 다르마가 규범이 되는 국가 간의 교류 더 나가서는 다르마를 부정하는 일체의 세력에 대한 저항도 포함되는 것이다.

힌두문명권의 국제규범에 대한 연구는, 고대사의 다른 분야와 마찬가지로, 그 자료가 무척 부족하다.[1] 왜냐하면 지금까지 전해 내려오는 고대인도의 전적 중 국제규범은 말할 것도 없이 국제관

---

1) 인도 역사가 전설과 믿기 어려운 구전(口傳)에서 벗어난 것은 기원전 6세기부터였다.

계를 체계적이고 중점적으로 다룬 자료가 거의 없기 때문이다. 이와 같은 상황에서 아르트 샤스뜨라는 매우 귀중한 가치를 갖는다. 이 책은 그 저자로 알려진 까우띨리야(Kautilya)의 주장만이 아니라 그 이전의 학자들의 의견을 집대성하고 그에 대한 비판을 했으므로 그 당시의 정치·경제사상에 대한 다양한 지식을 얻게 하기 때문이다.[2] 또 이 책은 고대 인도의 다른 서적들과는 달리 도덕적 교훈이나 종교적 열광을 위해 쓰여진 것이 아니라 현실 정치에 바탕을 둔 것이므로 그 당시의 정치상황과 생활상에 대해서도 많은 정보를 제공함은 물론, 전란시대를 살았던 고대 인도인들이 가졌던 국제적 지식에 대한 이해의 폭을 넓게 해준다는 면에서도 큰 가치가 있다.

II. 다르마란 무엇인가?

다르마의 개념을 명확하게 하기 위해서는 일단 힌두교의 리따(Rita)를 설명할 필요가 있다. 리그 베다(Rig Veda)는 이 우주를 정의(正義)롭게 하고 조화를 이루게 하는 힘을 리따로 표현한다. 리따는 존재의 행위의 규칙성이며 자연계 불변의 보편적이고 내재적인 정의로서 신(神)마저도 여기에서 벗어날 수 없다. 인간의 생사(生死)와 윤회의 규칙성 그리고 별자리들이 만들어지고 유지되는 등의 모든 우주적 활동도 모두 이 규칙성에 의거한다는 것이다. 우주

---

2) 아르트 샤스뜨라의 본문 중 여러 곳에서 '옛 스승이 말하기를…'의 표현이 자주 등장한다. 이것은 까우띨리야의 개인적인 스승을 말하는 것이 아니라 그의 선배학자들을 총칭하는 것으로 보아야 한다.

를 움직이고 우주의 모든 구성요소들을 균형 잡는 것도 리따이다. 이 리따는 다르마 사상의 모체가 되었던 것이다. 리그 베다에는 다음과 같은 구절이 나온다. '오! 인드라(Indra)여, 우리를 리따의 길로 이끌어 주소서. 모든 악을 물리칠 수 있는 올바른 길로(10권 133장 6절)', 즉 리따가 우주를 정의롭고 조화롭게 만들듯이 인간사회의 질서를 존재하게 하고 유지시킬 개념으로 등장한 것이 다르마인 것이다.

현재와 같은 다르마의 개념이 등장한 것은 기원전 8~5세기경이라고 추정된다. 그 당시 작성된 브리하다라냐까 우빠니샤드(Brihadaranyaka Upanishad)는 다르마를 우주적 원리, 질서, 조화, 진리의 총합으로 묘사하고 있다. 다르마의 어원을 찾는다면 그것은 산스크리트어의 '드리(Dhṛ), 즉 '지탱하다, 지지하다, 유지하다, 지속하다'라는 의미 또 때로는 '의무, 다른 사람에 대한 책임, 신용'이라는 의미에서 파생되어 나온 단어이다. 여기서 우리는 리따가 우주를 움직이고 유지하는 힘이라면 다르마는 인간사회의 리따라는 사실을 유추할 수 있다. 사실상, 힌두교에서 종교적 의식은 외형상으로는 축원의 형태를 취하고 있지만 내면적으로는 우주적 질서와 인간의 합일(合一)을 추구하는 것이므로 리따의 인간적 표현인 다르마를 통해 그것이 가능한 것이다. 부연하여 설명한다면 다르마는 우주적 질서와 하나가 되기 위해 인간이 지켜야하는 의무인 것이다.

다르마를 아주 단순하게 우리 글로 번역하면 '법(法)'이 된다. 그러나 우리가 '법'이라는 단어를 보고 즉시 떠올리게 되는 실정법(實定法)의 개념과 다르마는 여러 가지 의미에서 차이가 있다. 다르마는 도덕과 관습 그리고 종교법과 실정법 등이 서로 구분하기가 어려울 정도로 혼합되어 있는 매우 복잡한 개념이기 때문이다. 이와 같이 복합적이고 교차적인 성격을 띤 다르마에 대한 이해는 인도인들의 정신세계와 사회제도에 접근하는 가장 기본적인 전제가 된다. 이번 장에서는 다르마의 개념들을 그 성격을 기준으로 나누어 살펴보기로 한다.

1. 다르마: 인격화(人格化)된 정의(正義)

바가바드 기따(Bhagavad Gita)나 마하바라따(Mahabharata)에는 다르마가 철학적 또는 추상적 개념이 아니라 인간의 형태를 취하고 나타나는 경우가 있다. 가장 대표적인 인물이 끄리슈나(Krishna)[3]인데 그는 '다르마가 모든 생명체를 동정하는 나의 정신적인 산물인 것을 깨달아라. 나의 그 정신은 모든 인간 속에 존재하고, 과거와 현재, 우주의 수많은 다양한 존재를 통해서, 여러 가지 다른 모습을 하고서 이 우주의 보존과 정의의 확립을 위해 나타난다. 나는 브라마(Brahma)이고 시바(Siva)이고 비슈누(Vishnu)이며 사물의 원천이자 파괴자이고, 창조자이며 모든 존재의 섬멸자이다. 모든 인간이 정의롭지 못하게 살 때 나는 정의의 성채를 쌓을 것이다(Mahabharata Asvamedhika-Parvan 54, 11~17)'라고 주장한다. 이것은 다르마가 모든 시대에 존재하는 정의이고 그 모습은 다를지라도 힌두교의 3대 주신(主神)인 뜨리무르띠(Trimurti)[4]가 구현하고자 하는 것이며

---

3) 끄리슈나는 힌두교의 3대 주신 중의 하나이며 이 세계를 유지시키는 신인 비슈누의 화신으로 알려지고 있다.

4) 우주적 질서 즉, 창조, 유지, 파괴를 관장하는 브라마, 비쉬누, 시바를 하나의 신이 가진 세 가지의 속성으로 보는 개념이다.

우주의 모든 존재 속에 내재되어 있다는 것을 강조하는 것이다. 인도의 고전 속에서 *끄리슈나*는 이 다르마의 화신 즉, 정의의 화신으로 자주 묘사된다. 마하바라따에서도 *끄리슈나*는 인격화된 다르마로서 부정(不正)에 대항하는 정의의 수호자이다. 이 *끄리슈나*가 가진 다르마에 대한 관점을 잘 나타내고 있는 것은 바가바드 기따를 요약하면 다음과 같다.

전쟁이 시작되기 전 인생에서 가장 위대한 일을 시작하려던 어린 왕자 아르주나(Arjuna)는 전차의 마부 모습을 한 *끄리슈나* 신에게 서로 대치하고 있는 두 군대 사이로 자신을 데려가라고 한다. 그는 군인들 속에서 수많은 친척과 친구들, 훌륭한 동지와 영웅들을 보고 *끄리슈나*에게 말한다. '내 사지가 땅에 떨어지고 입술이 타며 머리카락이 곤두서는구나. 이 전쟁을 시작하느니 이 자리에서 죽는 것이 더 낫겠다. 나는 이 학살에 참가하지 않을 것이다. 이 땅의 법은 얼마나 하찮은가?' 이에 *끄리슈나*는 날카롭게 대답한다. '그 천박한 두려움은 어디서 왔습니까?' 이와 함께 위대한 가르침이 시작된다.

태어난 것에는 죽음이 확실하고 죽은 것에게는 태어남이 확실하다.

피할 수 없는 것 때문에 괴로워하지 말라.

법의 수호가 의무인 귀족으로서 이 정당한 전쟁을 거부하면 너는 덕과 명예 모두를 잃을 것이다.

행동의 결과가 아니라 의무의 행동에만 관심을 두라.

결과에 대한 모든 욕망과 두려움을 버리고 너의 의무를 수행하라.

*끄리슈나*가 이렇게 준엄하게 말하여 아르주나의 눈을 맑게 하자 아르주나는 신의 본모습을 드러낸 마부를 놀라움에 가득한 눈으로 바라보았다. *끄리슈나*는 수 천 개의 태양빛과 번쩍이는 수많은 눈과 얼굴, 무기를 든 많은 팔, 무수한 머리, 반짝이는 뻐드렁니가 있는 수많은 입을 갖고 있었다. 양쪽의 군사들이 쏟아져 나와 그 불타는 입으로 들어가고 무시무시한 이에 부딪혀 죽고 있었다. 괴물은 그 입술을 핥았다. '당신은 누

구입니까?' 머리카락이 곤두선 아르주나가 외쳤다. 끄리슈나가 대답했다. '나는 이 병사들을 전멸시키러 온 검은 시간이다. 네가 아니더라도 곧 죽을 사람들이다. 그러니 지금 전쟁터로 나가라! 내가 이미 죽인 사람들을 죽이는 척하라. 너의 의무를 수행하고 두려워 말라(Campbell J, 1972, 132).'

여기서 '너의 의무를 수행하라!'는 '너의 카스트에 주어진 다르마를 실행하라!'는 의미인 것이다. 아르주나는 전사(戰士)계급인 끄샤뜨리야(Kshatrya)이므로 그의 다르마는 싸우는 것이다. 바가바드 기따는 전쟁이라는 살상행위에 참여 하는 것을 망설이는 아르주나를 설득하는 과정을 보여주고 있다. 여기서 주목해야 할 것은 개인의 의무가 윤리를 우선한다는 것이다. 아르주나는 통치와 전쟁을 의무로 하는 끄샤뜨리야 계급에 속해 있다. 그러나 그는 일반적인 윤리를 기준으로 살상행위를 포기하려 하였고 그것을 끄리슈나는 '의무의 수행'을 내세워 설득하고 있다. 비록 비폭력이 선한 인간의 자질이라고 할지라도 개인의 의무에 우선하지 못하는 것이고 의무에 의한 폭력은 용인될 뿐만 아니라 합법화될 수도 있다는 것을 보여주고 있다.

다르마를 부정하는 악인들에게 붙여지는 하나의 형용적인 명칭은 아다르마(Adharma)이다. 이 아다르마는 부정과 사악함의 상징이다. 낮은 카스트(Caste) 출신이면서도 왕을 사칭하는 인물이고 그는 신성한 암소를 발로 차며 신전에서 광란을 벌이는 인물로 묘사된다. 이와 같은 인물이 하는 대표적인 악행은 낮은 카스트, 음주, 성욕, 동물의 살상, 배금주의 등이다. 이 아다르마들은 모두 다르마의 화신인 영웅 또는 왕에 의해 축출되는 것이 인도 고전의 전형적인 줄거리이다. 이 인격화된 다르마는 신화나 민담 등의 주요 소재로 등장하기 때문에 다르마에 대한 학술적 개념 설정에 큰 도움이 되지 않는 것이 사실이다. 하지만 대중들에게 다르마의 개념을 쉽게 보급시키고 이해시키는 역할을 했던 것도 부정할 수는 없다. 다르마가 대중들에게 뿌리내리고 인도 사회의 종교적 관습의 필수적 요건이 된 것은 이 인격화된 다르마의 역할이 컸기 때문이었다.

2. 다르마: 사회적 원칙

사회적 원칙으로서의 다르마는 매우 광범위하여 어떤 경우에는 우리가 생각하는 법이나 도덕이라는 개념보다 훨씬 광범위하다. 사회적 원칙으로서의 다르마는 비교적 광범위하게 구분한다고 해도 다음 일곱 가지가 된다.

첫째, 다르마의 도덕적 성격이다. 다르마는 사회적 질서를 유지하기 위한 개인의 의무라는 의미도 갖는다. 예를 들어 바가바드 기따는 '남을 해치지 않고, 진실하고, 도둑질하지 않고, 욕망에 사로잡히지 않고 화를 내거나 과욕을 부리지 않으며 언제나 다른 생물에게 착한 행동을 하는 것이 모든 카스트에 속하는 인간들에게 공통적으로 주어진 다르마이다(11권 17장 21절)'라고 주장하며, 또 마누(Manu) 법전은 다르마의 열 가지 구성요소로서 '만족, 용서, 자기억제, 부당한 소득에 대한 기피, 자기정화, 지혜, 지식, 진실, 분노의 기피, 금욕'을 들고 있다. 즉, 사회의 질서를 유지하기 위해 개인이 준수해야 할 도덕적 사고와 행위를 다르마는 포괄하고 있다.

둘째, 신에 대한 공경으로서의 다르마이다. 바가바드 기따에서 끄리슈나는 '나에 대한 충실한 공경이 바로 다르마이다'라고 말한다. 이 이야기는 후세에 신을 공경하는 것이 인간이 지녀야 할 종교적 의무라는 의미로 발전했다.

셋째, 신의 심판으로서의 다르마이다. 다르마는 한 개인 또는 전 세계에 대한 신의 심판이라는 의미로 사용되어지기도 한다. 힌두교는 인간의 심판은 신의 심판에 대한 직관적인 인식에 바탕을 둔 것이라고 주장한다. 따라서 이 의미에서의 다르마는 통치자의 피통치자에 대한 형벌은 신의 심판이라는 확대 해석을 가능하게 만들어 주었다. 물론 고대 중국의 천명설(天命說)과 비견할 정도로 발전한 것은 아니었지만, 통치자에게 정통성을 부여해 주는 역할을 할 수도 있었다.

넷째, 법률적 개념으로서의 다르마이다. 이 개념이 가장 중요한 것일 수도 있고 가장 일반적인 해석이라고 볼 수 있다. 물론 다르마는 베다와 같은 성전이나 영웅들의 행동을 기록한 고전에 바탕을 두고 있다. 하지만 법률이란, 그것이 관습법이든 실정법이든, 사회가 변화함에 따라 변천을 거듭하게 마련이다. 새로운 법률 즉, 새로운 다르마가 필요하게 되었을 때 어떤 과정을 거쳐야 할까? 다르마 사상에 가장 충실한 법전인 마누법전에서는 법률의 개정 또는 새로운 법률의 창안은 다음과 같은 원칙 하에서 이루어져야 한다고 규정하고 있다. '최저 3명에서 최고 10명까지의 브라만들이 회의를 열어 새로운 법률을 제정한다. 왕이나 다른 사람들은 이에 대해 이의를 제기할 수 없다'고 규정하고 있다.

다섯째, 국제법으로서의 다르마이다. 모리야(Mauriya)왕조가 등장하기 이전에 인도는 수백 개의 국가들이 적대와 동맹을 거듭하던 일종의 전란시대였었다. 다르마는 국가와 국가사이 또 왕과 왕 사이의 관계를 규율하는 국제법적인 역할도 했었다. 뿐만 아니라, 그 당시 국제관계에서 흔히 발생했었던 전쟁과 관련된 규칙들도 다르마로 표현되었다. 이 국제법으로서의 다르마는 이 연구와 가장 밀접한 관련이 있는 부분이다.

여섯째, 사회적 의무로서의 다르마이다. 이것은 현재까지 인도에서 카스트 제도가 유지되어 올 수 있었던 가장 큰 동인(動因)이다. 힌두교의 세계관에 따르면, 현세에서의 개인의 카스트는 전생의 까르마(Karma, 業)에 의해 결정된 것이고 보다 나은 내세를 위해서는 현세의 카스트에 부과된 다르마를 잘 지켜야 하는 것이다. 여기서 우리가 주목해야 할 것은 이 다르마가 인류보편적인 것이 아니라 각 카스트마다 서로 다르다는 점이다. 즉, 브라만(Brahman)은 브라만 나름대로의 다르마, 수드라(Sudra)는 수드라의 다르마를 가지고 있었다. 인도의 카스트제도는 이 다르마를 통해 계급제도로서 그 명맥을 이어 올 수 있었고 인도 사회를 종교적이고 천부적인 분업체계로 유지할 수 있었던 것이다.

지금까지 살펴본 것과 같이 다르마는 다면(多面)적이고 다원적인 의미로 사용되어져 왔었다. 사실상, 다르마는 종교가에게는 신의 신성한 법률로, 도덕가에게는 선과 악을 구별해주는 기준으로, 법률가에게는 법률 그 자체로, 사회학자에게는 관습으로, 정치학자에게는 정치윤리와 국제법으로, 철학자에게는 우주적 질서로 해석될 수 있는 것이다. 이 모든 해석 중 어느 것이 가장 중요하다고 주장하는 것은 의미가 없다. 개인과 사회에 대한 가치체계가 함축

되어 있는 것이 다르마라고 이야기할 수 있기 때문이다.

여기서 우리가 가질 수 있는 의문은 이와 같이 일관성이 없고 매우 흐트러진 모습을 가진 다르마가 어떻게 현대에 이르기까지 인도인들을 지배하는 가치 체계로 살아남을 수 있었고 또 어떻게 그 지위를 유지할 수 있었는가 하는 점이다. 또 이것은 현대의 법률과 같이 한 권의 책 또는 한 장의 종이에 성문화되어 있는 것도 아니고 각기 다른 시대의 다른 저자들이 만든 다양한 서적 속에서 산발적으로 언급되어 있다는 점에서 그 의문은 더욱 커진다. 이 점에 대해 인도의 철학자들은 인간이란 누구에게든지 의무감이라는 것이 있다고 전제한다. 그 의무감의 대상이 자기 자신일수도 있고 다른 인간 또는 초월적인 존재일수도 있다. 이와 같은 의무감에 의해 다르마가 지켜져 내려왔다는 것이다. 이와 같은 설명도 완전히 부정 할 수 없는 것이지만 조금 더 합리적인 설명을 한다면 다르마는 다음과 같은 과정을 밟아왔다고 볼 수 있다. 즉 다르마라는 개념은 원래 신과 인간과의 관계를 규정하는 철학적인 것이었는데 사회가 진화함에 따라 사회를 통제하는 규율로서 발전한 것이다. 따라서 다르마는 카스트 제도의 이론적 배경 구실도 하게 되었고 까르마와 결합하여 인간의 행위에서의 선과 악을 판단하는 기준이 되었던 것이다. 특히 윤회론을 바탕으로 해탈을 인간 최고의 목표로 힌두교의 세계관이 다르마를 불가침적인 존재로 만들었던 것이다.

다르마라는 개념에 대해 연구자들이 쉽게 혼동에 빠지고 그 개념을 정의하는 데 어려운 이유는 다르마가 어떤 경우에는 목적 가치로 또 다른 경우에는 방법가치로 사용되어지고 있기 때문이다. 다시 말해 다르마가 어떤 경우에는 인생의 목표로 간주되지만 어떤 경우에는 다르마가 인생의 목표를 달성하기 위한 수단으로서 사용되어지기 때문이다. 그러나 우리가 이 다르마에 대한 사회과학적 연구를 진전시키기 위해서는 다르마를 목적가치로 보기보다는 하나의 방법가치로 보는 편이 방법론상 용이한 점이 많다. 물론 목적가치이든 방법가치이든 추구되어 나타난 결과는 동일할 수 있지만 사회과학 분야에 있어서는 아무래도 인간의 정신적 추구점보다는 사회에 나타나는 과정을 중시하기 때문이다. 물론 철학과 같은 형이상학적 부분을 다루는 학문에서는 목적가치로 생각하는 것이 용이하다. 그것은 철학은 사회에 비추는 인간의 행위규범보다는 그 행위규범의 근본원인을 따지는 것이므로 인간이 어떤 목적가치를 왜 가지게 되었는가에 대해 더 많은 관심을 갖기 때문이다.

Ⅲ. 다르마와 국제규범

1. 시대적 배경

아르트 샤스뜨라에 나타난 국제규범으로서의 다르마를 논의하기 위해서는 다르마의 개념이 성립되었다고 추정되고 인도 최초의 통일왕조가 탄생한 기원전 8~4세기 인도의 시대적 배경을 살펴볼 필요가 있다. 이 400여 년 동안 인도는 전란의 시기였다. 기원전 7세기경부터 시작된 전란은 일시적으로 코살라(Kosala), 마가다(Maghada)와 같은 패권국가가 등장한 일이 있었지만, 약 2,000개에 달하는 도시국가 또는 국가들이 흥망을 거듭하고 있었다. 불살생

을 강조하는 종교들인 자이나교(Jainism)와 불교의 창시자인 마하
비라(Mahavira)와 싯다르타(Gautama Siddharta)가 모두 무사계급인
끄샤뜨리야 출신이라는 것도 이 당시의 국제정치적 상황을 간접적
으로 시사해 주고 있다.

이와 같은 전란시대에 나타난 새로운 변수는 알렉산더(Alexander)
의 인도 침공이었다. 이 침공이 인도 최초의 제국인 모리야왕조의
등장에 계기가 되었다.[5] 알렉산더가 인도에서 후퇴한 후 서북인도
지방에 비록 일시적이지만 정치적 공백상황이 도래했었고, 이 상
황은 그 당시 인도에 존재했었던 118개 국가들의 세력 균형에도
영향을 미쳤던 것으로 보인다(Smith 1981, p.91). 이 정치적 불안은
그 당시의 모험가들에게 커다란 기회였음에 틀림없다. 모리야 왕
조의 창시자인 찬드라따굽 모리야(Chandragupta Mauriya)도 이 모
험가들 중의 하나였던 것으로 보인다. 찬드라따굽의 출신에 대해
서는 난다(Nanda)[6]왕조의 서손(庶孫)이라는 설과 히말라야 지역의
모리야 부족 출신이라는 설 두 가지가 전해지고 있다(Thomas 1987,
p.423).[7] 난다왕조의 장군이었던 찬드라따굽는 반란을 도모했으나
실패로 끝나 지금 현재의 뻰잡(Punjab) 지방으로 도주한 것으로 전

---

[5] 알렉산더의 인도 침공은 인도 역사 전개에 큰 영향을 남기지는 못했다. 알렉산더의 흔적은 인도미
술과 그리스미술의 혼혈이라고 불리는 간다라(Gandhara)미술 그리고 인도 천문학에 미친 것을 제외
한다면 거의 찾아볼수 없을 정도이다(Smith 1981, p.90). 군사적으로도 알렉산더의 기병전술에 인도
군은 패배했음에도 불구하고 그 이후의 인도 왕들은 고대로부터의 코끼리와 전차를 중심으로 하는
전술에 집착했었고 정치적으로도 그리스적 정치사상이나 체제의 영향을 받은 흔적도 없다.

[6] 기원전 362년에서 322년까지 마가다왕국을 통치했던 가문. 하층 카스트 출신으로서 브라만과 끄샤
뜨리야에게 적대적이었다고 전해짐. 찬드라따굽 모리야에게 멸망함.

[7] 찬드라따굽의 출신에 대해서는 난다왕조의 서손이라는 설이 있다. 이것은 모리야라는 성이 '무라
(Murā)의 아들', 즉 '첩의 아들'이라는 말에서 파생되었다는 것에서 기원한다. 다음으로 모리야는 샤
－까(Çākya) 즉, 부처가 속했던 부족의 지파의 명칭이라는 것이다. 후자의 경우에는 자이나교의 기
록에 따른 것이므로 찬드라따굽의 출신을 고귀하게 만들려고 조작된 것으로 생각할 수도 있다.

해진다. 그리스 측의 기록에는 산드로코토스(Sandrocottus)라는 인도인이 등장하는데 이 인물이 바로 찬드라따굽로 추정되고 있다(Basham 1981, p.51). 플루타르크(Plutarch)는 이 산드로코토스가 그 당시 뻔잡 지방을 침공 중이던 알렉산더에게 인도 중북부의 강국이었던 난다 왕국을 공격하도록 권유했다고 전한다. 이 산드로코토스가 찬드라따굽와 동일인이라는 것이 사실이라면 찬드라따굽는 알렉산더를 설득하는 데 실패하자, 자력으로 난다왕국을 붕괴시키고 제국의 기초를 만든 것이 된다.[8] 그리스 측의 기록이 사실이든 아니든, 찬드라따굽가 알렉산더의 침입 직후 권력을 잡았던 것을 감안하면 그 당시 서북부 지방의 정치적 공백에 따른 혼란을 적절히 이용했으리라는 것은 쉽게 상상할 수 있다. 아르트 샤스뜨라의 저자 까우띨리야는 찬드라따굽의 스승이자 제국 건설의 동반자로 전해지고 있다(고홍근 2007, pp.4~6). 아르트 샤스뜨라가 만들어졌다고 추정되는 기원전 3~4세기의 인도는 통일의 시기였다. 또 다른 한편으로는, 이 시기는 다르마가 인도 사회에서 일반적이고 보편적인 개념으로 자리 잡은 직후라는 점에 유의해야 한다.

아르트 샤스뜨라의 마지막 절은 '아르트 샤스뜨라는 조국의 해방과 그것의 문화와 학식 그리고 그것의 군사력을 난다 왕의 손으로부터 강력하고 즉각적으로 회복하기 위하여 편찬되었다(15.1.73)'[9]라고 강조하고 있다. 이 구절은 그 당시의 정치적 상황을 나타내고 있을 뿐만 아니라 '다르마의 수호자이자 옹호자(the custodian and

---

8) 찬드라따굽의 권력 장악 과정에 대해서는 다른 설도 존재한다. 즉, 알렉산더가 죽은 후 인더스강 유역에 주둔하고 있었던 마케도니아(Macedonia) 수비대를 공격하여 명성을 얻은 후 난다 왕국의 수도에서 혁명을 일으켜 권력을 장악했다는 것이다(Smith 1981, pp.96~97).

9) 아르트 샤스뜨라의 문장을 인용하는 경우 권, 장, 절의 순서로 표기하기로 한다.

upholder of Dharma, Mookherj, 1999, 8)'로서의 까우띨리야의 의도
를 보여주는 것이다. 난다 왕조는 '다나 난다(Dhana Nanda), 즉, 막
대한 군사력과 부(富)를 가진 난다'라는 칭호도 가지고 있었지만
그 출신은 매우 미약하였다. '난다 왕은 근본적으로 기품이 없을
뿐만 아니라 가장 비천한 계급 출신이었다. 그의 선조는 실제로 이
발사였다(Mookherji 1999, p.5).' 수드라 출신이었던 난다 왕조의 창
시자인 마하빠드마 난다(Mahapadma Nanda)는 왕비와 불륜에 빠져
왕을 암살하여 권력을 잡았고, 처음에는 왕의 자식들의 보호자를 자
처했지만 결국 그 아이들마저 살해했다. 극히 비윤리적인 방법으로
권력을 잡은 마하빠드마는 '끄샤뜨리야의 파괴자(Kshatravina-shakrit)'
라는 호칭을 얻었고, 그의 왕위를 이은 여덟 명의 난다 왕들도 그 탐욕
때문에 국민들의 증오를 받았다고 전해진다(Mookherji 1999, p.8).

난다 왕조 타파를 목표로 삼았던 까우띨리야는, 개인적인 감정이 있
었던 것으로도 보이지만[10], 와르나쉬라마다르마(Varanāśramadharm
a)[11]를 명분으로 내세웠다. 까우띨리야는 왕의 가장 중요한 임무는
와르나와 아쉬라마에 기초한 사회질서를 수호하는 것이라고 보았
다. '왕은 모든 국민들이 와르나 또는 아쉬라마에 의거한 책임을
다 하는지를 지켜보아야 한다(1.3.4.16~17)' 또는 '세계를 정복한

---

10) 까우띨리야가 왕에게 발탁되기 위해 난다 왕조의 수도인 빠딸리뿌뜨라(Pataliputra)에 와서 왕의 연
회에 참석했는데, 그가 음식을 먹기 시작하려고 하자 왕이 그를 쫓아냈다는 것이다. 이런 모욕을
받은 까우띨리야는 난다 왕조를 멸망시키기 전에는 머리띠를 매지 않겠다고 맹세했다고 한다
(Rangarajan 1992, p.17).

11) 와르나와 아쉬라마 그리고 다르마의 합성어. '카스트의 의무와 인생의 4단계'로 번역될 수 있다. 카
스트를 의미하는 와르나는 본래 '색(色)'이라는 의미로서 카스트 제도가 인종적 구별에서 시작되었
다는 언어학적인 증거가 된다. 아쉬라마는 인생의 4단계 즉, 브라마차르야(Bramacharya; 修學期), 가
르하스트야(Garhasthya; 家業期), 바나쁘라스트야(Vanprashthya; 隱遁期), 산야사(Samnyasa; 修道期) 등
을 의미하며 모든 인간은 인생에서 이 단계들을 거치는 것이 바람직하다고 주장되어진다. 와르나
쉬라마는 힌두교를 부르는 다른 이름이기도 하다.

왕은 와르나쉬라마에 적합한 사회질서를 유지해야 한다. 이 사회질서는 베다가 규정한 신성불가침의 것이므로 이것을 파괴하는 어떤 행위도 용납될 수 없다. 왜냐하면 그러한 행위는 와르나와 그 구성원들의 의무에 혼란을 가져오게 되고 그것은 다시 사회와 국가의 붕괴를 초래할 것이기 때문이다(1.3.14~15)'라는 구절들이 잘 나타내듯이 다르마에 의해 결정된 카스트 즉, 와르나를 무시하고 비천한 수드라가 정치권력을 차지한 것은 용납될 수 없는 것이었다. 이와 같은 까우띨리야의 주장이 그 당시 여론주도층이었던 브라만과 끄샤뜨리야들의 지지를 받아 모리야 제국의 탄생을 가져왔던 것이다.

2. 국제규범으로서의 다르마

국제규범으로서의 다르마를 설명하기 전에 아르트 샤스뜨라의 성격을 잠시 살펴볼 필요가 있다. 모두 15권으로 이루어진 이 책의 첫 다섯 권은 국내통치에 대해 다루고 있으며 다음 8권은 이웃국가들과의 관계를 그리고 마지막 두 권은 배신자를 제거하는 데 유용한 마술 등 잡다한 내용들로 이루어져 있다. 아르트 샤스뜨라는 두 가지의 목적을 가지고 쓴 책이다. 첫째, 이 책은 왕이 어떻게 자신의 국가를 부강하게 만드는가를 보여준다. 이 부국강병은 근본적으로 국가의 행정에 관한 내용에 집중되어 있다. 예를 들어, 조세제도, 관료의 임명과 관리 그리고 경제정책, 사법제도 등 그 당시 국내통치를 위해 필요하였던 모든 부분을 다루고 있다. 둘째, 세계를 어떻게 정복하는가를 보여준다. 국가의 외교정책을 포함하여 전쟁을 통해 다른 국가의 영토를 정복하여 궁극적으로 그 당시 인도를 통일하는 방법을 구체적으로 다루고 있다(고홍근 2007, p.8). 이 인도 통일에 대한 부분이 전체 책의 약 1/5을 차지하고 있다. 사실싱 아르트 샤스뜨라는 국가의 모든 활동을 포함하고 있는 것이다. 따라서 아르트 샤스뜨라는 국내문제뿐만 아니라 대외관계까지 포함하는 모든 국가업무를 다루는 과학이라고 이해될 수 있다.

까우띨리야는 국제관계를 국내정치와 무관한 것으로 보지 않았다. 그가 제시한 국가의 일곱 가지 구성요소(Prakṛti; 쁘라끄리띠)에[12] 동맹국(Mitra; 미뜨라)를 포함시키고 있는 것에도 잘 나타나고 있다. 잘 개발된 국토와 강력한 방어력을 가진 도시 그리고 막강한 군사력 등과 함께 외교력에 의해 형성된 동맹국의 존재를 국가의 필수요소로 인정하고 있는 것이다. 또 까우띨리야는 샥띠(Shakti), 즉 국력을 왕의 자질(Utsāhashakti; 우뜨싸하샥띠), 재정과 군사력을 포함하는 물질적 자원(Prabhāvashakti; 쁘라바와샥띠), 그리고 외교(Mantrashakti; 만뜨라샥띠) 등으로 나누면서 물질적 자원이 왕의 자질 보다 중요하고 외교가 앞의 두 가지보다 중요하다고 주장했다. '영리한 외교는 왕이 강력한 적을 쉽게 극복하게 하여 주기 때문이다(9.1.2~16)'. 까우띨리야는 국제관계에 대한 논의에서 그 자신보다 앞선 시대에 살았던 학자들의 이론을 자주 비판하고 있다.[13] 이것은 아르트 샤스뜨라가 만들어지던 시기에 이미 인

---

12) 까우띨리야는 국가의 구성요소로서 왕(Svāmin; 스와 - 민)을 중심으로 관료(Amātya; 아마 - 띠아), 농촌지역(Janapada; 자나빠다), 도시지역(Durga; 두르가), 재화(Kośa; 꼬샤)와 군대(Daṇḍa; 단다) 그리고 동맹국(Mitra; 미뜨라)을 제시했다(6.1.1).

13) 예를 들어, 약한 국가의 왕의 처신에 대한 서술(7.15.13~20, 12.1.1~9), 외교정책의 종류에 대한 서술(7.1.3~5) 등이 대표적인 예이다.

도에서는 국제관계에 대한 논의가 활발하게 진행되고 있었다는 간접적인 증거가 된다. 물론 '외교정책에 대한 까우띨리야의 놀라운 지적 능력(Rangarajan 1992, p.544)'을 부정하는 것은 아니지만, 까우띨리야 이전에 국제관계에 대한 이론은 일정 수준에 달해 있었고 그와 더불어 국제규범도 국제관계의 여러 현실에서 통용되고 있었다고 보는 것이 타당하다. 따라서 아래에 언급하는 국제규범으로서의 다르마도 단순히 이론적인 것이 아니라 그 당시 실제로 용인되고 있었던 것으로 보아야 한다.

첫째, 정의(正義)로서의 다르마: 앞의 인격화된 다르마에서 지적했듯이 까우띨리야는 와르나와 아쉬라마가 기초가 되는 사회를 수호하는 것이 왕의 중요한 임무라고 생각했다. 그에 따라 까우띨리야는 '고귀한 혈통(8.2)'을 가진 사람이 왕이 되어야 한다고 주장했다. 그가 난다 왕조 타도의 명분으로 내세웠던 비천한 출신의 왕이 통치하는 왕국은 한 국가의 범위가 아니라 인도 전체에서 사라지게 하는 것이 정의를 실천하는 길이라고 보았던 것이다. 더 나가서 그는 바람직한 왕은 '훌륭한 왕의 자질[Svāmisaṃpad; 스와미쌈빠드(6.1.2~6)][14]'을 갖춤은 물론 '성인과 같이 훌륭한 왕[라자리쉬; Rājārsh(1.7.1)]'[15]이어야 한다고 강조한다. 이것은 까우띨리야가 끄리슈나와 같은 영웅 또는 신의 화신(化身)과 같은 왕의 등장을 기대했음을 의미한다. 그는 와르나쉬라마다르마가 정의라고 보

---

14) 다른 사람에게 자신감을 불러일으키고 신하들이 쉽게 접근할 수 있도록 하는 자질은 물론, 신앙심이 깊고 정직하여야 하며 지식, 이해력, 사고력을 갖추어야 하고 용기, 신속한 결단력, 굳은 의지 등이 훌륭한 왕의 자질이다(6.1.2~6).

15) 라자리쉬는 감정에 의해 지배당하지 않는 절제력을 가지고 국민들의 안전과 복지를 증진시키기 위해 항상 노력하고 국민들에게 모범이 되고 해로운 인물과 사귀거나 해로운 행동을 하지 않고 다른 사람의 아내를 탐내지 않는 등의 왕이다(1.7.1~8),

앉으므로 그 가치를 확립하고 그것을 세계에 전파할 수 있는 왕 즉, 끄리슈나와 같이 인격화된 다르마가 세계를 정복해야 한다고 보았던 것이다.

둘째, 국가 간의 조약과 다르마: 현대의 국제정치에서도 간간이 등장하는 양자 간 또는 다자 간 협상에서 체결되는 조약의 준수 문제가 까우띨리야의 시대에도 존재했었다. 현대에는 부당하게 조약을 어기는 국가에 대해서 국제기구의 압력, 국제여론이나 경제적 제재 그리고 궁극적으로 전쟁 등의 다양한 방법을 통해 조약의 준수를 강제할 수 있다. 하지만 기원전 3~4세기 전란시대의 인도에서 현대와 같이 다양한 방법이 있었으리라고 생각하기 어렵다. 따라서 '그 당시 조약이 준수된다는 보장은 무엇이었을까?'라는 의문이 제기된다. 까우띨리야의 선배학자들은 맹세(Satya; 싸띠야)와 서약(Śapatha; 샤빠타)은 신뢰할 수 없고 보증인과 인질만이 유일한 보장이라고 주장했었다. 그러나 까우띨리야는 맹세와 서약은 현세뿐만 아니라 내세에도 그 보장이 된다고 주장했다. 왜냐하면 보증인과 인질은 현세에만 그것도 양 당사자의 상대적인 힘의 크기에 의해서 보장될 수 있는 것이기 때문이다. 보증인과 인질을 제공한 왕은 그 자신이 강대해졌을 때 조약의 의무사항을 파기하려 들거나 계략을 사용하여 인질을 탈출시키려 할 때 양심의 가책을 느끼지 않지만 맹세나 서약을 한 왕은 약속을 어기려고 할 때 양심의 가책을 느끼게 되기 때문이다. 이에 대해 까우띨리야는 많은 사람들이 자신의 약속을 파기하는 것이 현세의 다르마를 어겨 내세에 나쁜 인과를 가져온다는 점에 유의하고 있다는 경험적 사실에 바탕을 두고 있다고 주장한다(7.17.3~5). 이 인과관계에 대한 공포

즉, 현세의 다르마가 내세의 까르마를 결정짓는다는 것이 사람들에게 약속을 지키도록 한다는 것이다.

셋째, 정복자의 유형과 다르마: 외국과의 관계에 있어서 왕에게 주어진 가장 중요한 목표는 영토 확장이다. 왕은 다른 영토를 정복하기 위해 노력해야 하고 기회가 있을 때에는 그것을 놓여서는 안 된다. 세계정복과 제국건설의 꿈은 고대 인도의 왕들을 매혹해왔고 아르트 샤스뜨라는 그와 같은 왕들을 위해 만들어진 책이다. 까우띨리야는 정복자를 정의의 정복자(Dharmavijayin; 다르마비자인), 탐욕의 정복자(로바비자인; Lobhavijayin) 그리고 악마의 정복자(Asuravijayin; 아수라비자인) 등 세 가지 종류로 나누었다(12.1.10~16). 가장 앞의 정의의 정복자는 다르마가 실현되는 세계를 건설하기 위해 정복 전쟁을 하고 다른 왕들이 다르마에 따른 정치를 하게 만드는 것에 만족한다. 그다음의 탐욕의 정복자는 탐욕 때문에 정복을 하고 정복한 영토나 그 영토의 재물 모두를 차지한다. 마지막의 악마의 정복자는 악마처럼 정복을 하며 영토와 재물 그리고 정복당한 왕의 아들과 부인들을 빼앗고 그 왕을 죽인다. 바샴(Basham)과 같은 역사학자는 아르트 샤스뜨라가 '악마의 정복자를 가장 이익이 많고 추천할 만 한 것으로 보고 있다(1967, p.126)'라고 주장했다. 물론 까우띨리야가 가장 바람직한 정복자의 유형을 명확히 하지 않은 것은 사실이고 아르트 샤스뜨라 전체의 논조가 과정보다는 결과를 중시하고 있지만, 악마의 정복자를 가장 선호했다고 매도하는 것은 지나친 느낌이 든다. 까우띨리야가 이상으로 생각했던 세계는 힌두교적 가치가 지배하는 사회였다. 따라서 여기에 언급한 세 가지 종류의 정복자는 그 우열을 가리기보다는 까우띨리야의 경험적 사실에 의한 분류라고 보는 것이 더 타당할 것이다.

넷째, 전투에서의 다르마: 까우띨리야는 전투에서 상대편 병사들을 공격할 때 지켜야 될 규칙들을 다음과 같이 제시하고 있다. 평야에서 적을 공격할 때나 또는 공성전을 할 때 다음 범주에 드는 사람들은 공격하지 않아야 한다. 쓰러져 있는 자, 등을 돌리고 달아나는 자, 항복한 자, 항복의 표시로 머리카락을 풀어헤친 자, 무기를 버린 자, 공포에 질린 자, 전투에 참여하지 않는 자 등이다 (13.4.52). 물론 모든 상황에서, 특히 자신들이 열세이거나 패색이 짙을 때 이 규칙들이 모두 지켜졌으리라고 믿기는 어렵지만, 전투가 학살이 되어서는 안 된다는 공감대가 그 당시 성립되어 있었다는 점을 시사하고 있다.

다섯째, 국제관계의 윤리적 측면에서의 다르마: 현대에도 국제관계와 윤리나 도덕이 공존할 수 있는가에 대해서는 많은 논란이 있다. 그 현실적인 효율성에는 의문이 있지만, 까우띨리야는 국제관계에서 왕이 지켜야 할 윤리적 면에 대해 다음과 같이 언급하고 있다. 그는 '왕은 승리했을 때는 물론 패배했을 때도 왕은 정의롭게 행동해야 한다. 전쟁을 일으킬 때 정의로운 왕보다는 불의(不義)의 왕을 공격해야 한다(7.13.11~12)'고 조언한다. 또 정의로운 행동 중에는 동맹국의 영토를, 심지어 누군가가 그 영토를 준다고 할지라도, 차지하지 않는 것도 포함된다. 또 왕은 그가 정복한 왕에 대해서도 공정하게 대해야 한다.(7.16.7.19~23.28) 이것은 국제관계에서 윤리를 강조했다기보다는, 현대적 용어를 빌려 이야기한다면 '국제여론'을 참작해야 한다는 까우띨리야적인 표현으로 보인다.

여섯째, 외교사절에 관련된 다르마: 외교사절에 관한 언급은 아르트 샤스뜨라의 1권과 7권에 집중되어 있다. 여기에는 외교사절의 임무, 자질 그리고 위기극복이나 상대편 왕을 설득하는 방법 등이 구체적으로 서술되어 있다. 이것은 그 당시 외교사절의 교환이 빈번했고 국제관계에서 외교사절의 역할이 매우 컸음을 나타내는 반증이기도 하다. 외교사절들 중 극히 일부는 외국의 궁전에서 상주대사로서 역할을 하기도 했지만(7.13.43) 대부분의 사절들은 특정한 사건과 관련되어 외국 궁전에 파견되었던 것으로 보인다. 일반적인 관례로는 사절에게는 위해를 가하지 못하도록 되어 있다(1.16.15). 사절이 불가촉천민일지라도 살해당하는 일은 없으며 브라만일 경우에는 어떤 해침도 받지 않았다. 사절은 자신의 왕의 말을 되풀이하는 자에 불과하기 때문이다(1.16.10~17). 그러나 실제에 있어서 사절은 억류되는 경우가 있었다(1.16.29). 외교사절이 파견된 나라에서 떠날 때는 그 나라 왕의 허가를 받아야 했지만 자신이 억류당하거나 살해당할 위험성이 있다고 판단되면 허가 없이 그 나라를 떠날 수 있다(1.16.32). 전체적으로 까우띨리야는 외교사절에게 정상적인 외교의 임무뿐만 아니라 정보의 수집, 선동, 파괴공작 등을 하도록 요구하고 있다. 과연 이와 같은 역할을 모두 할 수 있는 자질을 갖춘 인물을 쉽게 구할 수 있었는지는 의문이지만, 현대의 외교관들이 하는 업무와 별 차이가 없는 역할을 제시했다는 점이 주목된다.

Ⅳ. 맺음말

다르마는 중첩된 의미를 가진 단어이다. 아르트 샤스뜨라도 와르나쉬라나다르마를 최고의 가치로 내세우고 그것을 실현하는 방법으로서의 국제규범들을 서로 다른 여러 형태의 다르마들로 제시하고 있다. Ⅱ에서 이야기한 것처럼 다르마가 목적가치와 방법가치 두 가지 모두의 형태로 나타나고 있다. 힌두교적 가치가 지배하는 사회라는 목표 가치에 대해서는 그 당시 인도 사회에서 어느 정도의 합의가, 특히 사회지도층이었던 브라만과 끄샤뜨리야 계급들 사이에서는, 이루어져 있었다고 생각되지만, 방법가치로서의 여러 다르마들이 과연 일반적으로 통용되었는가에 대해서는 의문이 생긴다. 다시 말해 '국제관계에서 일반적인 규범이 존재하였는가?' 그리고 '존재하였다면 그것이 현실세계에서 통용되었는가?'라는 의문인 것이다. 첫 번째 의문에 대한 답은 '국제규범이 존재했었다'이다. 국제규범이 그 누구도 어겨서는 안 되는 '철칙(鐵則)'의 형태로 존재한 것은 아니었지만 왕 즉, 끄샤뜨리야가 지켜야 할 행동양식 또는 행동지침으로서 존재했던 것은 틀림없다. 앞에서 우리가 살펴보았던 전투에서의 다르마, 외교사절에 관련된 다르마들이 그 대표적인 예이다.

그러나 두 번째 의문인 다르마의 형태를 취한 국제규범이 현실세계에서 얼마나 효용성을 가졌는가에 대해서는 논란의 여지가 있다. 사실, 까우띨리야는 아쉬라마 즉, 인생의 4단계에 관계없이 모든 인간이 지켜야 할 의무16) 중의 첫째로 불살생(Ahimsa; 아힘사)을 들고 있다(1.3.13). 그러나 까우띨리야가 국제관계에 있어서 주요 변수 중의 하나로 간주했던 첩보원 중에는 '인간의 자식으로서의 감정이 없는(1.12.3)'인 독살자(Rasada; 라싸다)와 '돈을 위해서 코끼리와 사자들과도 싸우는(1.12.2)' 암살자(Tikshna; 띠끄샤나)를 포함시키고 있다. 까우띨리야는 한편으로는 불살생을 강조하면서 다른 한편으로는 독살이나 암살을 권장하고 있는 것이다. 또 정복자의 세 유형 중에서도 '정의의 정복자'가 까우띨리야가 이상으로 했던 세계에 가장 적합한 유형이었음에도 불구하고 그는 이것을 적극 추천하지는 않고 있다. 이렇게 때로는 모순되고 때로는 애매한 까우띨리야의 태도가 혼동을 주는 것은 사실이지만, 이것을 무작정 비판하기에 앞서 까우띨리야는 철저한 현실주의자였었다는 점을 감안해야 한다. 그가 아르트 샤스뜨라에서 이야기하고자 했던 것은 윤리나 도덕 또는 종교적 교훈이 아니었다. 그는 세계를 정복하여 힌두교적 가치가 지배하는 사회를 건설하려고 하였지만 그 목표가 숭고하다고 할지라도 그것을 달성하는 방법까지 숭고할 필요는 없다고 생각한 것이다. 바꿔 말한다면, 까우띨리야는 옳은 목표를 위해서는 나쁜 방법도 상관없다고 생각하였고 고귀한 원칙에 얽매이는 것 보다는 상황의 변화에 적절히 대처하는 순발력을 더 중시하였다.

다르마는 힌두사회의 질서와 윤리관의 핵심적인 개념이고 힌두교의 세계관에서 본다면 인간의 내세(來世)를 결정짓는 가장 중요한 변수이기도 하다. 현대 인도의 사회를 이야기하는 데 있어서도 다르마는 제외할 수 없는 요소이기도 하다. 하지만 과거와 현재를

---

16) 모든 사람이 지켜야 할 의무로서 불살생, 정직, 청결, 동정심, 인내 등을 들고 있다(1.3.13).

불문하고 다르마가 사회 전체의 구성원이 절대적으로 또 예외 없이 준수하는 기준은 아니었다는 점을 인식해야 한다. 이것은 중국 문명권에서 공자(孔子)의 '인(仁)'의 개념이 또 서구문명권에서 예수(Jesus)의 '사랑'의 가르침이 끊임없이 강조되면서도 현실세계에서 완벽하게 실현되지 못하는 것과 마찬가지의 현상이다. 아르트샤스뜨라에 나타나는 다르마에 대한 서로 모순되고 혼동되는 서술들을 지나치게 비판적으로 보아서도 안 되고, 또 다른 한편으로는 힌두문명의 국제관계에서 다르마의 역할을 과장해서도 안 되는 것이다. 역사적으로 다르마는 국제관계의 이상적인 기준으로 존재해 왔었지만 현실적이고 구체적인 행동지침으로 절대적인 역할은 하지 못했다는 것을 인식해야 한다.

참고문헌

고홍근(2007), "까우띨리야와 한비: 인도와 중국의 정치사상에 대한 비교연구", 인도연구, 제12권 1호.

Basham A. L(1981), *The Wonder that was India,* Delhi: Rupa & Co.

Badlani Hiro G(2008), *Hinduism: Path of the Ancient Wisdom.*

Campbell J(1972), *Myths to Live by,* New York: Penguin Books

Edgerton F(1972), *The Bhagavad Gita, Cambridge: Havard Univ,* Press.

Fleet J. F(1914), *Introductory Note, Shamasastry, R. 1988, reprint, Kautilya's Arthaśāstra,* Mysore: Padam Printers.

Goshal U. N(1959), *A History of Indian Political Ideas,* OUP: Bombay.

Kangle R. P(1960), *The Kauṭilīya Arthaśāstra, Part II; An English translation with critical and explanatory notes,* Delhi: Motilal Banarasidass

Kangle R. P(1988), *The Kauṭilīya Arthaśāstra, Part III; A Study,* Delhi: Motilal Banarasidass

Mees G. H(1980), *Dharma and Society,* Delhi: Seema Publications

Rangarajan. L. N(1992), *Kautilya The Arthashastra,* New Delhi: Penguin Books

Sastri K. A, Nilakanda(1964), Age of the Nandas and the Mauryas, Varanasi: Munshram.

Shamasastry R(1988), *reprint, Kautilya's Arthaśāstra,* Mysore: Padam Printers.

Thapar Romila(1986), *A History of India 1,* New York: Penguin Books.

Thomas F. W(1987), *"Chandragupta, The Founder of The Maurya Empire", Rapson, E.J. ed.,* The Cambridge History of India, vol.1, New Delhi: S, Chand & Company.

전쟁의 원인과 국제관계에 대한 투키디데스의 분석:
긍정적 인간성과 평화의 지향에서 보이는 현대적 의미[*]

최자영_부산외국어대학교 지중해지역원 HK 교수

I. 투키디데스에 대한 현실주의적 해석의 지양

고대 그리스의 역사가였던 투키디데스는 그『역사(Historia)』의 서두에서 역사를 기록한 동기에 대해 이 전쟁이 대규모의 것으로 다른 어떤 것보다 괄목할 만한 것이 될 것이라고 생각하고 기록을 시작했다고 한다.[1] 양측 모두 전쟁에 필요한 것들을 완벽하게 갖추었을 뿐 아니라, 전쟁이 발발하자마자 일부 그리스 인(헬레네스)은 바로 둘 중 한 편의 동맹국이 되었으며, 또 다른 일부도 그럴 의사가 가졌음을 알았기 때문이라는 것이다. 힘이 결집되어온 과정과 관련하여, 스파르타의 경우 400년의 축적된 힘을 가지고 있었고 아테네도 페르시아 전쟁 이후 세력이 강해져 스파르타의 의구심을 불러일으킬 정도였다.

투키디데스는 펠로폰네소스 전쟁이 그 전 어떤 전쟁보다 더 규모가 컸음을 다음과 같이 밝히고 있다.

* 이 논문은 대구사학 101집(pp.133~158)에 게재된 논문[교육과학기술부의 재원으로 한국연구재단의 지원을 받아 수행된 연구: KRF-2007-362-A00021]을 상당 부분 수정 게재한 것임.
1) Thucydides, 1.1.1.

Thucydides, 1.21.2. 사람들은 전쟁이 벌어지고 있을 때는 언제나 그 것이 가장 대단한 것이라 생각하고, 전쟁이 끝나면 지난날의 것이 더 컸던 것처럼 생각하는 경향이 있지만, 이번 전쟁의 정황을 고려할 때 이번 전쟁은 지난날의 어떤 전쟁보다 더 큰 것이었음이 명백하다.

이어서 그는 드러나지는 않지만 숨은 전쟁의 원인으로서 아테네 세력이 성장하는 데 대해 스파르타가 위협을 느꼈기 때문이라고 말한다.[2] 그 외에도 투키디데스는 힘의 지배에 관해 상당한 관심을 기울였다. 미틸레네 사건에서 클레온이 주장한 힘에 의한 보복의 정의, 멜로스 대담에서 아테네 사신이 노골적으로 주장한 힘의 정의 등에 대한 서술이 그것이다.

그래서 일부에서는 펠로폰네소스 전쟁의 원인을 현실주의[3]의 입장에서 조명하고, 나아가 멜로스 대담[4]에서 보이는 약자에 대한 강자의 힘의 지배의 원리가 바로 투키디데스 자신의 가치관을 보여주는 것이라고 해석하기도 한다.[5] 그러나 1970년대에 현실주의에 대한 비판 이론이 나타났다. 아래에서 논의하게 될 L.M. 존슨

---

2) Thucydides, 1.23.6.
3) 현실주의는 국제관계를 국가 간 힘의 경쟁 혹은 균형이라는 구조적 관점에서 조명하는 것으로, 국내 정치적 상황은 일정한 법칙에 준하여 기능하는 국제관계에 영향을 줄 수는 있으나 그것을 거스를 수 없다는 입장이다. 현실주의자들은 거스를 수 없는 인간적 감정으로, 또 국가와 같은 분쟁의 해결 장치가 마련되어 있지 않으므로 국제관계에서는 안전을 확보하기 위해 힘을 키우고 때로 전쟁을 불사하는 만인의 만인에 의한 무정부적 투쟁상태가 된다고 생각한다. Cf. L.M. Johnson Bagby, "Fathers of International Relations?", p.23f.
4) Thucydides, 5.89.
5) W. Jaeger, Paideia: The Ideals of Greek Culture, trans. G. Highet(N.Y, 1939), p.393. 그 외 투키디데스를 현실주의의 창시자, 혹은 다소간 힘의 지배를 인정하는 현실주의자로 보는 이론의 문헌에 관한 소개는 cf. L.S. Gustafson, 'Thucydides and Pluralism', pp.176, n.3, 178, n.7[Hans Morgenthau, Politics among Nations: The Struggle for Power and Peace, 5th ed. N.Y., 1978, pp.8~9; R.W. Mansbach and J.A. Vazquez, In Search of Theory: A New Paradigm for Global Politics(N.Y., 1981), p.111, 318; J.A. Vazquez, ed. Classics of International Relations, 2nd. ed. (Englewood Cliffs, N.J., 1990), pp.16~20; G. Crane, Thucydides and the Ancient Simplicity: The Limits of Political Realism(Berkeley, 1998), p.297].

백비와 W.D. 가르스트 등은 현실주의의 구조주의적 입장에 반대하고, 국제관계에서 자유의지, 비합리적 요인, 국내 정치상황의 중요성을 강조한다. 다른 한편, 절충적 입장에서 포드는 정치계, 특히 국제정치에 도덕성이 개재될 수 있는가에 대해 투키디데스는 다소간에 회의적이었으므로 그를 분명한 일종의 '현실주의자'였던 것으로 규정하고, 다만 그가 어느 정도로 '현실주의자'였던가 하는 점이 문제가 된다고 주장한다.6)

펠로폰네소스 전쟁의 원인이 아테네 힘의 성장에 대한 스파르타의 의구심 때문이었다고 하는 투키디데스의 언급에 근거하여 이 전쟁의 원인을 현실주의적으로 해석하는 데 반대한 존슨 백비(Johnson Bagby)는 투키디데스에 묘사되는 스파르타의 입장은 이런 구조 요인적(structural donstraints) 시각에서만 이해할 것이 아니며 오히려 자유의지에 의한 선택과 결정이 개재된 것이라는 점을 중시한다.7) 예를 들면, 페르시아를 성공적으로 방어한 다음 스파르타는, 헬라스에서 가장 강한 도시였으나, 전선에서 물러났고.8) 또 사령관 파우사니아스를 소환해 들임으로써 아테네에게 주도권을 넘겨주게 되었다.9) 반면, 아테네는 그대로 남아서 세스토스를 접수하고 자신의 도시에 성벽을 건조했다. 아테네가 성벽을 건조한 후에도 스파르타는 아테네와 공동으로 군사작전을 수행하기도 했다. 이런 사실은 폴리스 간 무정부적 힘의 경쟁 및 균형이라는

---

6) S. Forde, "Power and Morality in Thucydides", in *Thucydides Theory of International Relations: A Lasting Possession*, p.151.

7) L.M. Johnson Bagby, "Fathers of International Relations?", p.28.

8) Cf. Thucydides, 1.89.

9) Cf. Thucydides, 1.95.

현실주의적 시각에서는 이해할 수가 없다는 것이다.

또 미틸레네 사건과 관련하여, 존슨 백비[10]는 투키디데스가 힘의 정의와 보복을 주장하는 클레온의 주장에 동조한 것이 아니라고 하고, 오히려 '이익(expediency)'을 옹호하는 디오도투스에 의해 교묘하게 제시되는 '사려 깊은 온건함(prudent moderation)'을 인정한다고 한다. 이와 관련하여 존슨 백비는 투키디데스의 이른바 '현실주의'에는 국내는 물론 대외적 관계에서 비도덕성이 개재되어 있다고 한다. 나아가 클레온에 대한 디오도투스의 승리는 이익의 전망이 아테네인의 후회의 감정과 결합되어 이루어진 것으로, 진정한 '현실주의'는 실로 언제나 이성적 계산이나 이기심에 의한 것이 아니라 비이성적 감정과 희망을 그 밑바닥에 깔고 있는 경우가 흔하며, 또 비이성은 무엇이 이익이 되는지를 판단하는 데 방해가 되기도 한다는 점을 중시한다.[11] 즉, 진정한 합리주의는 비합리성이 갖는 비중이 높다는 점을 고려해야만 한다는 것이다.

다른 한편, 존슨 백비에 따르면, 투키디데스는 현실주의와 같은 일정한 구조적 요인(structural constraints)이 아니라 오히려 대내외적으로 예측 및 통제 불가능한 요소의 존재를 통해 독자들이 자유롭게 판단할 수 있는 여지를 남긴다고 한다.[12] 예측 불가능한 우연성(the accidental)이 갖는 중요성과 관련하여 존슨 백비는 '투키디데스는 온갖 단순한 공식을 싫어한 것으로 보인다'는 도일(M.W. Doyle)의 말을 인용한다.[13] 나아가 투키디데스가 전쟁 진행 과정

---

10) L.M. Johnson Bagby, "Fathers of International Relations?", pp.36, 41.

11) L.M. Johnson Bagby, "Fathers of International Relations?", p.38.

12) L.M. Johnson Bagby, "Fathers of International Relations?", pp.28, 32.

에서 개별 정치가의 영향을 묘사하고 있다는 점도 현실주의적 시각에서만 그의 전쟁사를 파악할 수는 없도록 한다고 존슨 백비는 말한다. 즉 과격한 선동정치가 클레온, 정치가로서 수완을 갖춘 페리클레스, 야망의 알키비아데스, 전형적 아테네인 헤르모크라테스, 아주 경건한 니키아스 등 다양한 노선의 인물들이 있었던 점이 그러하다.[14)]

여기서 필자는 투키디데스 전쟁의 원인 분석 및 그 역사 서술의 동기와 관련하여 단순히 폴리스 간 관계가 현실주의적 힘의 지배에 의해 이루어진다거나, 혹은, 존슨 백비 등이 주장하는 것 같이, 비이성적 요인이나 예측 불가능한 우연(tyche) 등이 중요성을 갖는다던가 하는 것보다, 그가 후대를 위한 교훈을 제시하려고 했던 점[15)]이 중요하다고 생각한다. 그리고 그 교훈은 투키디데스가 변하지 않는 것으로 묘사한 인간성과 관련이 있으나, 그 자체를 묘사하는 데 그치는 것이 아니라 그것이 갖는 바람직한 면을 조장하려고 했다는 점을 강조하려 한다.

투키디데스는 인간성이 두 가지 상반된 성질, 즉 긍정적인 면과 부정적인 면을 가지고 있고 또 그 사이에 갈등이 존재한다는 사실을 알고 있었다. 전자는 협동과 평화의 사회, 후자는 과도한 욕망과 힘의 지배, 무의미한 적개심을 조장하는 것이다. 이 글에서는 투키디데스의 교훈이 한편으로 긍정적인 인간성이 전개될 수 있는

---

13) L.M. Johnson Bagby, "Fathers of International Relations?", p.40; M.W. Doyle, 'Thucydidean Realism', *Review of International Studies* 16(1990), p.228.

14) L.M. Johnson Bagby, "Fathers of International Relations?", p.29

15) Thucydides,, 1.22.4. "…인간 본성 때문에 다시 일어날 것 같은 일, 혹은 그와 유사한 일에 관해 정확한 지식을 얻고자 하는 사람들이 내 이 작품을 아주 유용한 것으로 평가하게 된다면 나는 그것으로 족하다. 이 글은 한 순간의 박수갈채를 위한 것이 아니라 영원한 유산으로 씌어졌다."

평화의 환경을 조장하려는 것, 또 다른 한편으로 지나친 욕망과 힘의 지배를 추구에 의해 부정적 인간성과 무의미한 소모전을 지양하려 했던 것이라는 점을 밝히려 한다. 동시에 투키디데스에게서 보이는 우연은 존슨 백비가 주장한 것처럼 단순히 예측 불가능한 존재로서 현실주의 등 일정한 공식의 이론으로 전쟁의 원인을 파악하지 못하게 하는 것이 아니라, 오히려 투키디데스가 제시하려한 일정한 교훈, 즉 무의미한 소모전을 지양하려 했던 그 뜻에 부합하는 역할을 하고 있음을 논하게 되겠다.

Ⅱ. 방어전에서 정복전으로의 변질

투키디데스 자신은 무력이 행사되는 불가피한 범위를 침략에 저항하는 방어에 두었던 것으로 보인다. 이때 방어의 개념은 물론 방어를 빙자한 침략적 제국주의로까지 확대되는 것이 아니다. 투키디데스는 침략과 방어의 두 가지 상황을 대조적으로 묘사하고 있다. 투키디데스는 페르시아 전쟁 이후의 아테네가 동맹국의 성원에 따라 패권을 장악한 반면, 세월이 흐를수록 동맹국들의 호의는 아테네를 등지고 스파르타에게로 돌아섰다고 한다.16) 이것은 아테네가 사활을 걸고 페르시아를 막아낸 전투에서 점차 제국주의적인 힘의 지배 원리를 추구하는 것과 궤를 같이 함을 뜻한다. 같은 맥락에서 존슨 백비는 아테네가 페르시아에 대한 방어전에서 점차

---

16) Thucydides, 1.96~99; 2.8.4.

정복전쟁으로 노선을 변화했음을 지적하고 있다.[17]

이와 관련하여, 전쟁이 어느 정도로 필요한가 하는 문제에 대한 대답을 투키디데스의 다음 기록에서 찾아볼 수 있다.

Thucyd. I.120. (코린토스인이 스파르타인에게 말한 것) 그러니 평화 대신 전쟁을 지지하는 데 망설이지 말아야 하겠습니다. 사실, 부당한 지경에 처하지 않으면 조용한 것이 신중한 사람이지만, 부당한 일을 당할 때 평화를 버리고 전쟁을 택하며, 적시에 다시 평화를 찾는 것은 덕이 있는 사람입니다. 전쟁이 가져다주는 행운에 자만하지도 않고, 고요한 평화에 안주하여 부당한 일을 당하고 있지도 않습니다. (4) 행복한 삶을 위해 전쟁을 주저하는 사람이 안일하게 있으면 자신을 주저하게 만드는 그 안일함의 행복을 순식간에 잃게 되는 한편, 전쟁에서 성공을 거둔 사람은 그 자긍심이 불확실한 것에 바탕하고 있음을 망각하게 됩니다. (5) 실제로 어설프게 계획된 많은 사안들이 상대의 미비함으로 인해 성공하기도 하며, 더 많은 경우에 잘 조직된 것처럼 보이는 사안이 굴욕의 실패로 끝나기도 했습니다. 누구나 어떤 계획을 구상할 때와 같은 정도의 자신감을 실천에서도 가지는 것은 아닙니다. 우리는 안전하게 계획을 구상하지만, 그 실천에서는 두려움 때문에 그르치곤 합니다.

구스타프슨(L.S. Gustafson)[18]이 지적했듯이, 제국적 도시에 의해 자유와 다원성이 침해받을 때는 전쟁을 해야 하며, 반대로 무한한 힘을 추구하는 전쟁은 완전한 파멸의 길로 치닫게 될 위험이 있는 것이다.

포드(S. Forde)는 다음 투키디데스의 기록이 지난 날 초기 공동

---

17) L.M. Johnson Bagby, "Fathers of International Relations?", p.34.

18) L.S. Gustafson, "Thucydides and Pluralism" in *Thucydides Theory of International Relations: A Lasting Possession*, p.190.

체에서 개인이 지배와 종속의 관계에 얽혀있었음을 보여주는 것으로 해석한다.

Thucydides, 1.8.2~4. 미노스가 해군을 창설하자 바다의 교류가 더 안전해졌다. 당시 식민지로 삼은 섬으로부터 미노스가 해적들을 쫓아냈기 때문이다. 연안의 거주자들이 전보다 더 많은 재산을 갖게 되고 영속적 주거지를 갖기 시작했다. 더구나 일부는 부자가 되어 도시 주변으로 성벽을 쌓기 시작했다. 이익을 탐하여 더 약한 도시는 더 강한 도시에 종속되고, 또 강자는 부를 독점하여 더 약한 도시를 종속시켰기 때문이다. 그 후 트로이 원정은 이런 상황에서 이루어졌다.

그런데 이 문장은 포드가 말하는 지배 종속의 부정적 관계뿐 아니라, 해적을 없애고 평화롭게 살았던 상황을 보여주기도 하는 것이어서 긍정적인 면을 함께 보여주는 것이라고 하는 것이 더 바람직하다. 오히려 앞의 예문은 강자가 약자를 종속시키게 되면 그것은 더 큰 전쟁, 즉 트로이야 전쟁으로 귀결된 사실을 지적하고 있는 것이다.

포드는 페리클레스의 연설문에는 지도자의 4가지 덕, 즉 올바른 정책 추구, 설득력, 애국심, 돈에 대한 무관심 등이 언급된다는 점을 지적했다.[19] 그리고 페리클레스는 이런 덕을 골고루 지녔으나, 유능했던 테미스토클레스와 알키비아데스는 애국심 등에서 결여된 바가 있다고 한다. 테미스토클레스는 페르시아에 의탁했고, 알키비아데스도 스파르타로 망명했다가 페르시아 총독에게 의지했다.[20] 그런데 유능했던 테미스토클레스와 알키비아데스가 조국을

---

19) S. Forde, "Power and Morality in Thucydides", p.168.

등진 것에 대해 아테네인 자신도 책임이 없는 것이 아니라고 포드는 말한다. 테미스토클레스가 사악했던 것이 아니라 동향 아테네인에 의해 부당하게 공격받으므로 조국을 등졌고, 알키비아데스의 경우에도 아테네인들은 증거도 없이 그를 유죄선고했기 때문이다.

여기서 필자는 신실한 정치가였던 페리클레스가 조국을 등지고 떠날 수밖에 없었던 다른 정치가들과 갖는 차이점보다는 공통점이 있다는 점을 지적하려 한다. 그것은 아테네가 델로스 동맹의 맹주가 된 이후의 시대적 분위기에 편승한 것으로, 페리클레스도 다소간에 힘에 근거한 아테네의 패권(覇權, hegemony)을 추구한 점에서는 다른 이들과 크게 다르지 않다는 것이다.

페리클레스는 세상 구석구석의 모든 것이 아테네로 흘러들어오며, 아테네인은 이방인들의 산물을 함께 향유하게 되었음을 자랑한다.21) 다만 페리클레스는 적당한 선에서 정복의 욕망을 자제함으로써 파멸을 피하고자 했다. 이런 그의 입장은, 그 진의가 어떠했든, 형식적으로는 제국의 유지에 더 이익이 되기 때문에 힘의 보복을 자제하고자 했던 디오도투스의 입장과도 닮은 점이 없지 않다. 이런 것은 힘에 근거한 편의와 이익의 관점이 개재된 것으로 순수한 평등과 평화 공존의 도덕적, 문화적 공동체 이념과는 다소간에 거리가 있다고 하겠다.

---

20) Cf. S. Forde, "Power and Morality in Thucydides", pp.169~70.

21) Thucydides, 2.38.

Ⅲ. 델로스 동맹국들에 대한 아테네의 제국주의

인간의 본성은 변하지 않고 인간사는 반복되므로 자신의 역사 기록이 영원한 가치를 지니게 될 것이라고 한 투키디데스 말에 대해, 가르스트(W.D. Garst)는 이것이 국제관계에서 국가 간 아나키적 힘의 경쟁이 국가의 행위를 결정한다는 신(新)현실주의(neorealism)[22] 국제정치관이 반복 지속됨을 뜻하는 것이 아니라고 한다.[23] 오히려 그는 투키디데스에게서 국제정치와 국내의 정치환경과 밀접하게 연관되어 있음을 강조한다.

가르스트는 국제관계에서 국내 정치의 영향보다 국가 간 무정부적 힘의 경쟁을 더 중시하는 신(新)현실주의의 이론은 스파르타가 싫으면서도 전쟁에 나서는 상황을 설명할 수 있으나, 존슨 백비가 지적한 바와 같이, 왜 페르시아 전쟁 이후에 자발적으로 패권을 포기하고 물러나면서 아테네가 패권을 추구하는 현실을 묵인했는지를 설명하지 못한다고 한다.[24] 이런 지적은 앞에서 소개한 존슨 백비와 유사한 것이다. 다만 가르스트는 그 원인을 국내의 정치상황에서 찾았다. 즉 스파르타와 달리 아테네의 민중과 군인들이 제국주의 정책을 통해 이득을 노렸기 때문이라는 것이다.

나아가 가르스트는 한편으로 민주정은 전쟁이나 팽창주의를 지

---

22) 국제관계 이론에서 '신현실주의'는 K. Walz(*Theory of International Politics*, Reading, Mass, 1979)에 의해 제기되어 유행한 것으로 '제3의 Iamge(Third Image)', 즉 국제관계에 영향을 미치는 것은 개인 정치가(First Image)나 국내 정치 상황(Second Image)이 아니라 권력의 구심점이 없는 국제관계에서 국가들은 자기 방어를 위해 무정부적 힘의 경쟁을 연출하게 된다는 것이다. Walz의 신현실주의를 둘러싼 논쟁은 cf. R. Keohane, Neorealism and Its Critics(N.Y., 1986). Cf. W.D. Garst, "Thucydides and the Domestic Sources of International Politics", in *Thucydides Theory of International Relations*, p.67.

23) W.D. Garst, "Thucydides and the Domestic Sources of International Politics", p.97.

24) W.D. Garst, "Thucydides and the Domestic Sources of International Politics", pp.94~95.

지하지 않는 경향이 있다는 현대의 이론이 있으나, 투키디데스는 왜 아테네 민주정과 제국주의가 밀접하게 연관되는 것으로 서술했을까 하는 질문을 제기한다.[25] 그 대답은, 가르스트에 따르면, 오늘날의 제국주의의 수혜자는 소수 엘리트이며, 많은 일상의 납세자들은 제국주의 정책의 혜택을 보지 못할 뿐 아니라 오히려 그런 정책에 따른 부담을 지고 있기 때문이라고 한다. '카르텔화'된 정치체제에서 정권은 소수의 지배적 엘리트가 장악하고 있다는 것이다. 자유민주주의는 제국주의 세력 내에서 제국주의 정책의 이익을 골고루 분배하도록 하지는 못하지만, 일반 납세자들의 부담으로 돌아오는 제국주의를 종식시키는 데 영향을 미칠 수 있다고 한다. 한편, 반면 아테네 제국주의의 수혜자는 하층 민중, 그리고 클레온과 같이 산업이나 상업에 종사하는 사람들이었고, 그 반대편에 전쟁에 황폐해진 땅을 가진 지주들이 있었다고 한다. 그래서 민주주의와 제국주의가 연관이 있었던 것이라고 한다.

가르스트가 강조하는 것처럼 국제정세와 국내정치는 서로 밀접하게 연관되어 있어서 분리할 수 없음이 사실이다. 그런데 여기서 필자가 강조하고 싶은 것은 아테네의 과욕과 팽창주의의 주요 희생자는 적국인 라케다이몬이 아니라 아테네 자체와 특히 델로스 동맹의 그 종속국이었다는 사실이다. 한편으로 아테네 내부에서는 국론의 분열을 가져왔다. 국내에는 많은 군중과 군인들은 당장에 돈을 받고 싶어 했고, 또 정복을 통해 지속적인 수입원을 가지고 싶어 하였다.[26] 반면, 사람들의 과욕을 깨닫고 거기에 찬성하지 않

---

25) W.D. Garst, "Thucydides and the Domestic Sources of International Politics", p.95ff.

26) Thucydides, 6.24.

는 사람들도 반대하면 매국노같이 보일까 봐 입을 다물었다. 사회는 이분되어 아무도 동료를 믿을 수 없게 되었다.[27]

다른 한편으로 아테네와 그 델로스 동맹국 간의 관계가 파멸로 치닫게 되었다. 투키디데스는 멜로스 대화에서 '가장 큰 적은 스파르타가 아니라 아테네 제국 내의 종속국'이라는 사실을 다음과 같이 적고 있다.

Thucyd. 5.91. 우리들은 우리 지배권이 무너진다 해도 그 종말을 겁내지 않소. 라케다이몬 인들처럼 다른 사람을 지배하는 자는 패배한 자에게 가혹하지 않소. 지금 우리가 라케다이몬과 싸우는 것도 아니지만 말이오. 위험한 것은 오히려 지배하는 자를 공격하여 이기려하는 종속국들이라오. 이 문제에 관한 한 우리가 위험을 무릅쓰는 것을 이해해 주어야겠소.

Thucyd. 5.99. 우리가 더 겁내는 것은 자유를 누리면서 우리에 대한 방어를 오랫동안 등한히 하는 본토인들이 아니오. 오히려 당신네 같은 주인 없는 섬사람들이 우리 패권의 요구를 거부하는 사람들이요. 이런 사람들이 무모하게 자신은 물론 우리 모두를 불 보듯 명백한 위험으로 끌어넣는단 말이오."

투키디데스는 사회에 두 가지의 다른 상황이 연출될 수 있음을 서술하고 있는데, 하나는 관대함과 밀접하게 연관된 단순함과 솔직함이고, 다른 하나는 반목과 의구심이 가득 찬 상황이다.[28] 이와 같은 상반된 상황의 연출은 폴리스 내부 상황이나 대외적인 관계

27) Thucydides, 3.83.
28) Thucydides, 3.83, cf. 3.82.

를 막론하고 같이 적용된다. 후자의 상황을 부추기는 힘의 지배에 의한 반목과 갈등은 양대 축을 이루는 경쟁국 사이뿐 아니라, 자신의 동맹국을 억압하고 지배하는 데도 나타나고 있음을 위 예문을 통해 목격할 수 있다.

IV. 전쟁과 폭력을 향한 인간 본성의 지양

포드는[29] 투키디데스의 역사에서 힘의 논리와 도덕 간의 긴장이 존재한다는 점을 지적한다. 즉 당시 아테네에 팽배했던 힘의 지배의 논리와 달리 아테네의 온건한 정치가 니키아스는 분수를 알았고,[30] 스파르타는 신중과 중용을 실천하는 것으로 묘사된다.[31] 그러나 국제정세에 순발력 있게 대처하지 않는 스파르타에 대해 코린토스인은 현실의 속임수의 가능성을 직시하지 못하며,[32] 또 적의 힘이 두 배가 될 때까지 기다리는 것이라고 비난했다.[33] 이와 같이 힘의 논리와 도덕 간의 긴장은 아테네 내부의 구성원 간이나 폴리스 간의 관계에 같이 적용된다.

한편, 페리클레스는 새로운 야망의 정복을 추구하지 않는 한 승리는 확실한 것이라는 선에서 아테네인의 자제를 구했으나,[34] 페

---

29) S. Forde, "Power and Morality in Thucydides", p.157.
30) Thucydides, 7.86.
31) Thucydides, 1.84.
32) Thucydides, 1.68.
33) Thucydides, 1.69.
34) Thucydides, 2.65.7. 신중한 전쟁 추구에 대해서 cf. Thucydides, 2.21.

리클레스 이후의 상황은 그의 소망과 거리가 멀었고, 노골적 힘의 지배를 추구하게 되었다. 중용은 비겁함으로 간주되었고,[35] 제국주의를 주창한 클레온은 동정이나 관대함에 반대했다.[36] 아테네인은 쉼 없이 패권을 추구해나갔고,[37] 아테네의 시칠리아 원정은 그 다음 차례 이탈리아 본토와 카르타고로 확산될 요량이었다.[38] 이것은 과거에 강자의 약자에 대한 지배의 추구가 트로이 전쟁으로 확대되었음[39]과 다르지 않다고 하겠다.

투키디데스에서 알키비아데스가 한 다음의 말은 아테네의 끝없는 제국주의 정책 추구의 경향을 대변하고 있다.

Thucydides, 6.18. [3] 어느 정도 지배할 것인가 하는 것은 우리 뜻대로 정하는 것이 아닙니다. 이런 상황에 처해있으므로 하는 수없이 어떤 것은 잡아야 하고 잡은 것은 놓치지 말아야하는 것이지요. 우리가 다른 이들을 지배하지 않는다면 우리 자신이 남의 지배를 받게 될 위험에 처하게 될 테니까요.… [6~7] 국가가 무사안일에 젖으면 저절로 퇴색하고 기술이 퇴보하지만, 쉼 없이 싸우는 나라는 새로 경험이 늘고 또 말만 아니라 실제로 방어하는 기술을 익히게 됩니다. 활동이 왕성하던 나라가 가만히 있게 되면 급속히 퇴보하는 법입니다. 좋지 않은 것이라 하더라도 현재의 관습과 법을 크게 벗어나지 않도록 나라 일을 돌보는 것이 가장 안전한 법이지요."

포드에 따르면, 투키디데스의 역사에는 한편으로 이런 아테네의

---

35) Thucydides, 3.82.4.
36) Thucydides, 3.40.
37) Thucydides, 1.70.
38) Thucydides, 6.90.
39) Cf. Thucydides, 1.8 f.

현실주의와 스파르타의 극기(자제심) 사이의 긴장이 드러나고,[40] 다른 한편으로는 스파르타의 소극적 태도가 대외 관계에서 위험을 초래하게 되고, 이들은 도덕적 구실 하에 힘의 정의를 추구하는 위선을 범하게 된다고 한다. 포드는 힘과 도덕 간의 긴장을 해결할 방법은 없으며, 그 둘 사이의 적절한 조합이 바람직하다는 점을 제시한다. 그러나 힘의 유혹은 언제나 극복할 수 있는 것이 아니며, 그 힘의 유혹이 너무 강할 때는 도덕이나 경건함, 장기적 안목의 국가 이익도 그 앞에 굴복하게 된다고 한다. 그리고 힘의 법칙과 비이성적인 힘의 사용은 그리스인을 피할 수 없는 재앙으로 몰아갈 수도 있다고 경고한다.

나아가 포드는 투키디데스에게서 야만으로부터 문명을 구분해내는 도덕적 기초로서의 단순함, 고귀함과 정치계의 무자비한 현실 사이의 괴리가 존재한다거나, 혹은 투키디데스가 문명화된 치적이 인간 삶을 더 낫게 하므로 가치 있는 것으로 간주했다는 점을 지적하고 있다. 그러나 필자는 투키디데스가 그런 차이의 존재를 묘사하는 것에 만족했다고 생각하지 않는다. 오히려 투키디데스는 힘의 정의를 추구하지 않게 되는 그런 상황, 즉 인간이 어쩔 수 없이 갖는 두 가지 상반된 본성 가운데 부정적인 본성을 억제할 수 있는 그런 방법을 적극적으로 구사하려 했으며, 그 구체적 방법으로 전쟁의 상태 자체를 지양하고자 했던 것으로 이해하는 것이 바람직하다.

투키디데스에 있어서 스파르타의 신중함은 그런 점에서 이상향

---

40) S. Forde, "Power and Morality in Thucydides", p.172. Cf. 존슨 백비도 스파르타를 신실하고 보수적 성격을 가진 것으로 규정한다(L.M. Johnson Bagby, "Fathers of International Relations? Thucydides as a Model for the Twenty-First Century", p.32).

에 좀 더 가까운 것으로 나타난다. 그는 전쟁 상태가 되면 부정적인 폭력의 본성이 더 가중된다는 점을 다음과 같이 서술하고 있다.

Thucydides, 3.82.2. 그리고 내란으로 인해 도시에는 많은 가공할 일들이 일어나고, 그런 것은 다소간에 더 가혹하거나 더 여리거나 간에 또 여러 다양한 형태로 매번 상황의 차이에 따라 달라질 수는 있으나, 사람의 본성이 변하지 않으므로 언제나 일어나게 된다. 사실, 평화와 번영이 깃들 때는 나라나 개인이나, 부득이한 상황에 처하지 않으므로, 더 나은 양식을 가진다. 그러나 전쟁은 일상생활의 편안함을 점차 없애는 폭력의 교사이며 대중의 기질을 처한 형편에 맞도록 변화시킨다.

위 예문을 통해 볼 때 투키디데스의 역사서술의 목적은 단순히 인간이 가진 본성을 내보이는 데 그치는 것이 아니라, 인간의 맹목적 욕망에 의한 전쟁이 부정적 인간의 본성을 더 부채질하게 되는 현상을 고발하고자 했던 것이라 할 수 있다.

V. 우연(tyche)과 지혜·판단(gnome)

투키디데스는 작품의 서두에서 허황한 신화나 듣기 좋은 말이 아니라 가능한 한 정확한 검증을 통하여 실제 있었던 사건, 또 인간의 본성 때문에 언젠가 다시 일어날 같은 일을 기록할 것이라는 서술의 원칙을 밝히고 있다.[41] 이로 인해 사가들은 투키디데스가 과학적인 역사서술을 한 것인가라는 문제를 둘러싸고 논의를 거듭

---

41) Thucydides, 1.22~23.

해왔다. 여기에 한 가지 걸림돌은 투키디데스의 역사에 적지 않은 역할을 하고 있는 뜻밖의 우연(tyche)의 요소이다.

M.I. 핀리 등은 투키디데스의 합리적인 면을 부각시키는 한편, 우연(티케)을 단순히 우발적인 것으로 파악했다.[42] 다른 한편, 투키디데스를 비합리적인 면을 지닌 역사가로 간주하고 그의 역사에 등장하는 우연(티케)이 다소간 인간사의 불예측성,[43] 허망함,[44] 초자연적인 힘[45] 등을 표현하는 것으로 의미를 부여하기도 한다. 특히 20세기 초반의 콩포드는 투키디데스를 신화와 비극으로부터 영향을 받은 것으로, 또 키토는 극도의 엄격성과 비극시인 같은 요소가 묘하게 결합된 것으로 평가했다.

한편, 구스타프슨[46]은 멜로스 대화에서 아테네는 힘만을, 멜로스인은 도덕만을 생각함으로써, 둘 다 실패의 길로 접어들게 되었다고 하고, 또 미지의 요소가 계산을 실패하게 한다는 점을 지적한다.

여기서 투키디데스의 역사 서술에서뿐 아니라 일반적으로, 힘의 지배의 논리, 도덕적 자제, 우연의 요소 등이 역사에 영향을 미친다는 점은 당연한 것이라 하겠다. 다만 필자는, 투키디데스가 우연을 논할 때는 모든 인간의 행위 혹은 사건에 우연이 작용할 수 있

---

42) M.I. Finley, *Greek Historians*(N.Y., 1959), p.8. 이와 유사한 견해로는 J.B. Bury, *The Ancient Greek Historians*(London, 1908), p.129; J. Finley, *Thucydides*(Michigan, 1942), p.313; H. Herter, "Thukydides und Demokrit über Tyche", *WS* 89(1976), pp.114~5. 우연(*tyche*)에 관한 연구사 정리는 오흥식, "투키디데스의 티케(tyche)관", p.4ff 참조.

43) H.D.F. Kitto, *Poiesis: Structure and Thought*(Califoria, 1966), pp.279~280.

44) H.P. Stahl, *Thukydides: Die Stellung des Menschen im geschichtlichen Prozess*(München, 1966), p.99.

45) M. Marinatos-Kopff & H.R. Rawlings, "Panolethria and Divine Punishment", *Parola del Passato* 33(1978), p.334.

46) L.S. Gustafson, "Thucydides and Pluralism" in *Thucydides Theory of International Relations: A Lasting Possession*, p.188. 구스타프슨에 따르면, 자유인에게는 용의주도한 계산이 불가피하나, 모든 것을 아우를 수 있는 포괄적이고 완벽한 계산은 할 수가 없다고 한다.

다는 사실 자체를 말하려 했다기보다는, 필수적인 방어가 아니라 과도한 욕심으로 일을 도모할 때에 처음 계산한 바와는 다른 부정적인 결과가 나올 수도 있음을 경계한 것이라 생각한다. 오흥식이 박사학위 논문에서 투키디데스의 우연을 논할 때에 네메시스(오만)와 히브리스(징벌)의 개념으로 연결시킨 것[47]도 바로 이런 점과 연관성이 있다고 하겠다.

투키디데스에서 운이 인간을 실패하게 하는 것은 인간이 과도한 힘을 사용했을 때 그 계획을 좌절시키는 것으로 지나친 욕망에 의한 거대한 사업은 언제나 그 목적을 달성할 수 있는 것이 아님을 말하는 것이다. 그래서 계산할 수 없는 미지의 요소가 인간의 욕망을 제한하고 겸손하게 만드는 역할을 하게 된다. 따라서 운은 구스타프슨이 말하고자 하는 단순히 다원성의 요소에만 들어가는 것이 아니라, 투키디데스의 역사에는 지나친 욕망과 전쟁의 추구를 막는 요소로 등장한다는 점이 중요하다.

약자이거나 피지배의 처지에 놓인 사람은 악운과 행운을 가릴 겨를이 없다. 일부러 우연에 의한 악운이 아니더라도 곤경에 처한 상황은 같기 때문이다. 투키디데스가 논하는 운은 계산에 의해 더 많은 욕심을 부릴 때 작동하여 치명적 결과를 초래할 수 있는 요소로 등장한다. 이와 같은 사실은 지나친 정복전쟁을 삼가면 승리할 수 있음을 피력하는 페리클레스의 연설문에 나오는 다음과 같은 구절에서 확인할 수 있다.

---

47) 오흥식("투키디데스의 티케관", 성균관대학교, 1994, 49ff.)은 투키디데스가 힘에 의한 정복은 곧 우연(티케)에 의해 징벌 당한다는 생각을 가지고 있었고, 이것은 플라타이아 전투(아테네의 승리)-필로스 전투(아테네의 완패, 스파르타 승리), 멜로스 사건(아테네의 승리)-시실리 원정(아테네의 완패) 등의 구도로 전개된다고 한다.

Thucydides, 1.144. 우리 선조는 지금 우리가 가용하고 있는 물자 같은 것도 없었고, 오히려 자그맣게 가지고 있는 것조차 팽개친 채, 페르시아 인에게 대항했습니다. 그리고 운(tyche)보다는 지혜(판단, gnome), 힘(dyname)보다는 용기(tolme)로 이민족을 막아내어 오늘의 번영을 일구었습니다. 그들보다 못난이가 되지 말고, 어떻게 해서든 적을 막아내어 후손들에게 더 적은 것을 물려주어서는 안 될 것입니다.[48]

페르시아 전쟁의 곤경에 처한 아테인에게는 우연의 요소보다는 지혜, 그리고 열세에 놓인 그들은 페르시아군이 가진 힘보다는 막무가내 용기로 맞서 그들을 이길 수가 있었다. 그러니 지혜와 용기는 미지의 힘으로 인간에게 영향을 미치는 우연도 빛을 잃게 할 수 있고, 또 객관적으로 잴 수 있는 힘도 꺾을 수가 있는 것이다. 지혜와 용기는 만용이 아니라 중용과 밀접한 관련이 있으며, 현실적으로는 과도한 공격전이 아니라 페르시아 침공에 대항하던 그리스인의 경우처럼 사활을 건 방어전과 연관이 있다.

VI. 평화적 환경과 긍정적 인간성의 조장을 위한 노력

투키디데스는 펠로폰네소스 전쟁의 원인이 아테네의 세력 성장에 대한 스파르타 측의 두려움이라고 적고 있다. 또 미틸레네 사건, 멜로스섬 사건에서 이루어진 아테네인의 대담에서는 힘의 지배에 의한 현실주의 입장이 반영되어 있다. 한편으로 사가들은 이

---

48) 운이 같이 작용할 때, 공허한 희망보다는 더 확실한 실재 자원을 바탕으로 한 판단(그노메)에 근거한 지식은 용기를 더 북돋우게 된다는 내용은 cf. Thucydides, 2.62.4~5. 페리클레스가 '지혜-판단(그노메)'을 갖추고 있었음은 cf. ibid. 2.65.8.

런 현실주의가 투키디데스 자신의 믿음을 반영하는 것이라고 하고, 다른 한편에서는 이런 단순화, 일원적 이론을 부정하고 투키디데스에게서 여러 가지 다른 요소를 발견할 수 있다는 가능성을 제시한다. 도덕성, 인도주의(humanity), 다양한 이론화의 가능성, 인간의 계산으로 예측할 수 없는 우연의 요소 등이 그런 것이다.

필자는 투키디데스가 인간성이 갖는 대조적인 두 가지 측면, 즉 한편에 힘의 지배, 다른 편에 도덕성이나 인간이 예측할 수 없는 우연의 요소를 언급하고 있다고 하더라도 그 역사기록의 진실한 목적은 또 다른 점에 있다는 점을 제시하려 한다. 그는 펠로폰네소스 전쟁이 그 전 어떤 것보다 길게 지속되었고, 또 그 준비의 규모가 가장 컸던 점 때문에 기록을 하게 되었다고 적고 있다. 문제는 힘의 논리와 도덕 및 중용의 원리가 서로 대비되는 것에 그치는 것이 아니다. 이런 요소들은 인간이 어쩔 수 없이 갖는 상반된 본성으로 없앨 수 없는 것이다. 그러나 투키디데스는 욕망과 힘의 지배에서 발생 증대하는 전쟁을 지양하고 평화를 이루면 폭력에 근거한 부정적인 인간성이 지양되고, 인본적인 긍정적 인간성이 조장된다는 점을 교훈으로 남기려 했다.

실제로 제도적 환경에 따라 구체적인 역사적 사건은 다른 방향으로 전개될 수 있다. 예를 들어, 크레인(G. Crane)은 기원전 6세기 초 솔론이 제기했던 힘과 이익의 문제가 2세기 후 투키디데스의 역사에도 그대로 계속되어 약자와 강자가 다 연루되고 있는 것이라고 했으나, 솔론이 살던 6세기 초와 투키디데스가 역사를 기록하던 4세기는 사회적 환경이 달랐다. 솔론 시대에는 많은 준비를 갖춘 대규모 전쟁이 없었을 뿐 아니라 사회가 더 분권적이고 민주적

이어서 사회적 현안을 해결하는 방법이 힘에 의한 지배가 아니라 상대적으로 민중 간 타협과 평등의 길로 나아갔다. 빈부의 갈등으로 내란의 위기에 처했을 때, 솔론은 민중으로부터 전권을 위임받은 가운데, 빈자와 부자 간 이해관계를 조정하는 중도의 길을 택하여, 토지 재분배의 과격한 방법은 지양하고 부채를 말소하였다.

투키디데스가 남기려 한 교훈은 힘에 의한 지배와 제국주의적 침략을 어쩔 수 없는 현상이라고 단념하지 않고, 그것을 극복할 수 있는 길을 모색하기 위한 것이라고 하겠다. 그것은 과도한 욕심은 물론 사회적으로 이루어지는 지나친 힘의 결집과 그로 인한 장기적 전쟁을 경계한 것이라고 필자는 생각한다. 전쟁은 공격을 받는 경우에 부득이한 방어전으로 이루어질 수 있다. 그러나 타성에 젖어 욕망과 이익을 추구하는 힘의 지배로 발전하는 것을 경계해야 한다.

다만, 현실적으로 방어전쟁의 한계가 어디인가 하는 점은 설정하기 쉬운 일은 아니며, 이때 현명한 중용의 판단이 필요하다고 하겠다. 그 판단의 한 기준은 대내적 뿐 아니라 내외적으로도 권력이나 폭력에 의해 억압받는 사람이 없이 그 구성원이 얼마나 평등하고 자유로운 상태에 있는가 하는 것이 될 수 있다. 이런 상태를 민주정치라고 정의할 수 있다면, 그것은 투표권 등의 형식만이 아니라 그 실제 내용과도 연관되는 것이다. 이런 실제적인 민주화 여부는 대외적인 국제관계에도 그대로 영향을 미치게 된다.

대규모 전쟁과 폭력에 기초한 부정적 인간성의 전개를 경계하는 투키디데스의 교훈은 오늘날 중앙집권이 아니라 지방분권을 통한 권력의 세분화 및 군비축소를 지향해야 하는 오늘날의 숙제와도

맥을 같이 하는 것이다. 이와 관련하여 참고로 언급할 것은, 고대 플라톤이 바람직한 사회를 구현하기 위한 시민의 수는 5,040명 정도에 그치는 것으로 하고 그 이상의 대규모 사회화를 경계했다는 점, 그리고 20세기 초반 J.A. 홉슨은 "민주정부는 국제적 화합으로, 독재체제는 국제 갈등으로"라는 취지의 명제를 제시했던 점이다.

참고문헌

Primary Sources

Aristotle, *Politics*.
Thucydides.

Secondary Sources

Bury, J.B., 1908. *The Ancient Greek Historians*. London.
Crane, G., 1998. *Thucydides and the Ancient Simplicity : The Limits of Political Realism* Berkeley.
Finley, J. 1942. *Thucydides*. Michigan.
Finley, M.I. 1959. *Greek Historians*. N.Y.
Forde, S. 2000. "Power and Morality in Thucydides," in *ThucydidesTheoryofInternational*. L.S., Gustafson, ed. pp.152~173.
Garst, W.D. 2000. "Thucydides and the Domestic Sources of International Politics," in *ThucydidesTheoryofInternationalRelations*,L.S.,Gustafson, ed. pp.67~97.
Gustafson, L.S. 2000. "Thucydides and Pluralism" in *ThucydidesTheoryofInternational*. Lowell S. Gustafson ed. Baton Rouge, Louisiana. pp.174~194.
Gustafson, L.S. ed. 2000. *Thucydides TheoryofInternationalRelations: ALasting Possession*, BatonRouge,Louisiana.
Herter, H. 1976. "Thukydides und Demokrit über Tyche," *WS*89 (1976), pp.114~5.
Johnson Bagby, L.M. 2000. "Fathers of International Relations? Thucydides as a Model for the Twenty-First Century," in *ThucydidesTheoryofInternational Relations*. L. S. Gustafson ed. pp.17~41.
Kitto, H.D.F. 1966. *Poiesis:StructureandThought*.Califoria.
Koehane, R.O. ed. 1986. *NationalismandWorldPolitics*.N.Y.
Mansbach R.W. & Y.H. Ferguson. 1986. "Values and Paradigm Change : The Elusive Quest for International Relations Theory," in *Persistent Patterns and Emergent Structuresina WaitingCentury*, ed. M.P. Kames. N. Y.
Marinatos-Kopff, M. & H.R. Rawlings. 1978. "Panolethria and Divine Punishment,"

Parola del Passato 33 (1978), p.334.

Stahl, H.P. 1966. *Thukydides : Die Stellung des Menschen im geschichtlichen Prozess.* München.

다양성 속에서의 일치: 중세 유럽의 사회 원리[*]

김영일_신라대학교 국제관계학과 교수

I. 머리말

오늘날 인류 사회가 살아가는 방식은 각 지역 및 민족의 특성과 차이에도 불구하고 대체로 서구식, 좀 더 엄밀하게 말하자면 서유럽에서 생겨난 삶의 패러다임에 의해 틀 지워져 있다. 거의 모든 국가에서 정당성의 근거로 자리 잡은 민주주의 가치와 제도에서부터 세계화 현상과 함께 단순한 경제적 질서를 넘어, 생활 문화의 원리로까지 확대·심화되고 있는 자본주의 질서, 그리고 주요 선진국 정신세계의 토대를 넘어 비서구의 많은 국가에서도 정신적·문화적 가치의 기준이 되어 버린 그리스도교까지, 유럽적이라고 불릴 수 있는 특성, 정체성은 제국주의적 식민지 시대가 지나가 버린 오늘날에도 여전히 이 세상을 규정하고 있는 원리가 되고 있다. 이러한 현상은 물론 서구 사회가 전 세계를 식민지화했던 제국주의적 지배의 결과이기도 하지만, 다른 한 편으로 근대사회 이후에는 서구의 산업기술과 문화가 비서구 지역을 포함한 전 세계의 문

---

[*] 이 글은 『21세기 정치학회보』 제20집 3호(2010. 12)에 실린 "다양성 속에서의 일치: 중세 유럽의 사회 원리와 현대적 의미"를 수정·보완한 것임

물을 주도하고 있기 때문이라 하겠다. 그래서 싫든 좋든 오늘날 인류는 각자의 고유의 전통적인 것과 함께 서구사회에 그 뿌리를 두고 있는 사회적 삶의 기준들에 대해서도 이해를 해야만 하는 시대를 살고 있다.

그런 점에서 유럽적 정체성은 유럽인들에게 적용되는 유럽적·지역적 특수성이기도 하지만, 동시에 서구적 삶과 사회적 패러다임이 전 세계를 지배하고 있는 현대사회에서는 모든 인류의 보편성으로도 받아들여질 수 있다. 따라서 오늘날 모든 국가 혹은 민족들이 그들의 사회를 되돌아보고, 보다 나은 사회적 삶을 추구해 나가기 위해서는 이러한 서구적 패러다임에 대한 이해가 필요하며, 이는 곧 서구의 역사에 대한 이해로부터 출발해야 한다. 왜냐하면 그 어떤 사회에서건 사회적 특성 혹은 삶의 정체성은 오랜 역사적 과정 속에서 겹겹이 쌓임으로써 형성되는 것이기 때문이다.

그런데 서구적인 특성의 이해를 위한 서구의 역사를 논할 때 고민에 빠지게 되는 것이 바로 '중세'라는 시대적 구분이다. 유럽에서 중세라고 불리는 역사의 시기는, 서구 사람 스스로도 대개 '암흑기'라고 부를 정도로 부정적인 시각으로 인식된다. '중세'라는 용어는 15세기 인문주의 운동이 확산되어 가면서 인문주의와 대비되는 개념으로 사용되기 시작하였다. 르네상스 시기의 인문주의자들은 과거 그리스와 로마 시대의 인문주의적 가치와 삶의 방식을 복원하려고 하였고, 따라서 "애초부터 중세라는 개념의 근저에는 르네상스가 도입한 단절이라는 의미"가 깔려 있었다. 즉 "'중세', '중세적', '중세인'이라는 말은" 르네상스 이후의 혹은 중세 이전의 인문주의적이고 계몽주의적인 특성과 대비하여 "경멸을 의미(르

고프 1997, p.19)"하는 말로 사용되었고,[1] 이러한 의미가 상당 부분 오늘날까지도 통용되고 있다.

그러나 중세라는 어떤 특정 시기가 암흑기라고 불릴 정도로 유럽의 역사에 있어서 부정적인 역할만 한 것일까? 과연 르네상스는 중세를 되돌려 고대의 것으로 회기한 것일까? 역사에서 이렇게 선명한 단절이 가능한 것일까? 자크 르 고프(Jacques Le Goff)는 "역사에서 르네상스란 없다. 다만 고대로의 복귀라는 가면 아래 오랫동안 숨겨져 왔던 변화만 있을 뿐이다(르 고프 1997, p.19)"라고 단언한다. 그의 말처럼 굳이 시대를 구분하고, 이를 바라볼 때, 역사를 해석하는 사람들의 시각이 아니라, 당대를 살았던 사람들의 시각에서 바라보아야 한다고 주장하지는 않더라도, 분명히 중세라는 역사의 한 시기도 오늘날 우리가 유럽적인 것이라고 주장하는 특성과 정체성을 형성하는 한 층을 이루고 있음은 부정할 수 없는 사실이다. 오히려 르네상스라고 일컬어지는 재생은 단순한 고대의 재생이 아니라, 고대 유럽적인 특성과 고대와는 다르지만, 그러나 여전히 유럽적인 정체성을 나타내는 중세의 특성이 작용과 반작용의 과정을 거치면서, 고대와는 다른, 새로운 근대적 인문주의의 창조로 인식되어야 한다. 계몽주의라는 빛의 이름으로 등장한 근대 사회가 암흑의 시기로 단죄했던 중세이지만, 다른 한 편으로 중세를 특징 지웠던 그리스도교적 전통은 그 후로도 가장 특징적인 유럽적 정체성의 하나로 자리 잡아 왔다는 것은 이를 분명히 보여준다.

그리스도교 문화, 그리스도교적 정체성과 함께 중세적 질서가

---

[1] 경멸의 의미로 사용된 중세는 단지 종교를 강조했다는 의미보다는 다분히 이성중심의 근대사회와 대비하여, 주술적인 중세의 모습에 기인한 것이라 하겠다.

오늘날의 유럽에 그 역사적 흔적을 남기고 있는 또 다른 예의 하나가 유럽연합으로의 통합이다. 유럽통합은 오늘의 유럽을 특징짓는 중요한 개념의 하나이다. 그런데 이러한 유럽통합의 움직임과 토대, 그리고 동인은 단순히 현대사회에서의 국제정치적 맥락에서만이 아니라, 그 기원을 중세의 유럽사회로 거슬러 올라간다는 점이다. 유럽연합의 형성과 그 확대의 과정에서 통합의 중요한 요소의 하나로 '유럽적 정체성'이 강조되고 있음을 알 수 있는데,2) 이 유럽적 정체성의 가장 중요한 요소인 그리스도교 문화가 유럽에서 그 뿌리를 내린 것이 바로 중세이다.

따라서 이 글에서는 오늘날 유럽사회에서 기나긴 여정이지만, 그래도 점진적으로 전개되고 있는 유럽통합의 사회적, 문화적 토대를 중세의 사회질서 속에서 도출해 보려 한다. 이를 위해 우선 Ⅱ에서는 유럽 이념의 형성과정과 중세 사회에서 그리스도교가 유럽적 정체성으로 뿌리내려 가는 과정을 살펴본다. Ⅲ에서는 중세 사회에서 통일성과 다양성이라는 유럽적 특성이 어떠한 과정을 거쳐 형성되고 또 하나로 융합되었는지 분석한다. 이러한 논의를 바탕으로 Ⅳ에서 다양성과 통일성이라는 두 개념이 하나로 조화를 이룰 수 있었던 역사적, 이념적 배경을 살펴보고, 나아가 Ⅴ에서는 다양성 속에서의 일치를 실현하려는 노력들이 오늘날 유럽통합의 노력으로까지 이어지는 일련의 역사적 흐름과 의미를 조망해 본

---

2) 그 한 예로 동구 공산진영의 붕괴 이후 폴란드, 헝가리, 체코 3국의 유럽연합 가입과 관련된 논의의 경우 여러 가지 기준과 어려운 문제들 중에서도 3국은 무엇보다 그들 스스로 오랜 기간 동안의 유럽적 정체성을 간직한 유럽 국가임을 강조해 왔다(이들 3국은 2004년에 와서야 나머지 7개국과 함께 유럽연합에 가입하였다). 또한 오랫동안 유럽연합에 가입 희망을 천명해 왔음에도 불구하고 터키가 여전히 유럽연합에 가입하지 못하고 있는 중요한 요인의 하나도 터키의 '문화적·종교적·지리적 정체성(강원택 외 2009, p.404)'이라는 점도 이를 잘 반영하는 예라 하겠다.

다. 이러한 논의를 통해 우리는 중세가 단순히 암흑의 시대라는 부정적 평가가 아닌 역사의 연속성 속에서 오늘날 유럽의 정체성과 흐름의 토대를 닦은 시기로 재조명할 수 있을 것이다.

II. 단일적 정체성으로서 유럽의 형성과 그리스도교

유럽이라는 지역을 일컫는 말은 다른 대륙을 일컫는 말과는 사뭇 다르게 다가온다. 우리가 아시아, 아메리카, 아프리카 등의 용어를 사용할 때 이들은 대체로 이들 지역에 포함된 여러 국가 혹은 민족들을 포괄하는 지리적 개념으로 다가온다. 즉 아시아, 아메리카, 아프리카와 같은 대륙의 명칭은 그 개념 자체가 어떤 하나의 동질적이고 포괄적인 전체의 개념보다는 그 속에 존재하는 여러 개별적 국가들을 포괄하고 있는 지리적 영역 이상의 의미로 다가오지는 않는다. 그러나 유럽이라는 용어의 경우는 이와 다르게, 단순한 지리적 의미를 넘어서서 하나의 문화적이고 이념적이며, 또한 정치적 일체성을 갖는 하나의 정체성으로 다가온다. 유럽은 서로 다른, 많은 국가와 민족이 존재하는 지리적 울타리의 개념이기도 하지만, 다른 한 편으로 유럽은 그 자체가 하나의 특정한 정체성을 가지는 역사적 의미로 인식되기도 한다. 즉 유럽이라는 개념 속에는 서로 다른 것들이 관계없이 단순히 나열되어 있는 것이 아니라, 개별적인 것들이(다양성) 긴밀한 관계를 맺으면서 그 어떤 하나(일체성)를 만들어 온 통일적이고 총체적인 개념도 함께 담고 있다.

그러나 유럽이라는 개념이 처음부터 이러한 정체성을 담은 의미로 사용되지는 않았다. 인류의 역사에서 오랜 세월 동안 유럽은 그 어원에서 알 수 있듯이 아시아, 아프리카 등과 구분되는, 지역을 나타내는 말로 사용되었다. 즉 유럽은 고대 문명이 발달하였던 동방(지금의 중동지역)의 서쪽 지역을 가리키는 지리적 개념으로 등장하였다.3) 그러면 유럽이 통합적이고 단일적인, 하나의 정체성의 개념으로 자리 잡기 시작한 것은 언제부터 일까? 유럽이라는 지역적 명칭이 다른 대륙의 명칭과는 달리 하나의 정체성을 가진 의미로 받아들여진다는 것은 유럽대륙에서 존재하였던 개별적 나라, 민족들이 서로 밀접하게 관계하면서 하나의 공통된 역사를 형성해왔으며, 이를 통해 전체를 관통한 문화적, 정신적 정체성을 만들어 왔기 때문이다. 실제로 나라마다 조금씩의 차이는 있겠지만, 근대 이후 국가적 틀이 등장하기 전까지 유럽의 각 민족 혹은 국가들은 역사를 공유하고 있으며, 이 역사 공유 경험의 한 가운데 그리스도교의 정신과 질서가 존재하였다. 이렇게 볼 때 전체 유럽의 역사에서 중세는 오늘날의 통합적인 유럽의 개념과 인식을 기초한 하나의 토대로 이해될 수 있다.

많은 사람들은 고대 그리스와 로마제국을 그 기점으로 제기할 수도 있을 것이다. 실제로 유럽의 역사에서 그리스와 로마는 유럽

---

3) 어원적으로도 유럽은 '어둡다', '침침하다'라는 뜻을 가진 셈계(중동지역의 인종) 언어 'ereb'에서 유래한 것으로 당시 소아시아 해안에 거주하였던 페니키아인들이 해가 지는 어두운 서쪽 땅을 가리키기 위해 사용했다고 한다(노명환 2001, p.). 유럽의 명칭에 대한 신화도 전해내려 오는데, 그리스 신화에서 유럽(Europe － 에우로페)은 오늘날 레바논에 위치했던 페니키아의 공주로 등장한다. 이 공주를 사랑한 제우스신이 황소로 변해 해안을 거닐고 있던 이 공주를 등에 태워 크레타섬으로 납치하면서 오늘날의 유럽이 시작 되었다고 전해진다(들루슈 2003. 9). 유럽의 명칭에 대한 이 두 이야기에서 공통적으로 도출될 수 있는 점은 유럽이라는 개념이 처음부터 그 어떤 문화적 정체성을 나타내는 것이라기보다는, 그 당시 앞선 문화를 가지고 있었던 중동 지역으로부터 떨어져 나온 지리적·지역적 개념으로 인식되고 있다는 것이다.

역사의 시작점인 고대 사회로 분류되어 진다. 그리스와 로마가 오늘날 유럽의 대륙에 포함되어 있고, 또한 그들의 문화적, 역사적 유산들이 현재의 유럽 속에 연결된다는 점에서 이러한 주장은 한편으로는 일리가 있어 보인다. 그러나 그리스인들 스스로는 세계가 유럽, 아시아 그리고 아프리카로 나뉘어 있다고 생각하였고, 그 속에서 유럽을 야만의 지역으로 간주하여 그리스적인 것과 구분하였고, 이러한 생각은 로마제국에 와서도 계속 이어졌다(김시홍 외 2006, p.16). 바라클로흐(G. Barraclough)에 따르면, 유럽에서 고대라고 분류되는 그리스, 로마의 시기는 유럽적인 것이 아니라, 보편적 인류주의적인 것으로 이해되어야 한다. 왜냐하면 그리스나 로마 시대는 그 활동 무대가 유럽이 아니라 지중해를 중심으로 유럽, 아프리카 그리고 아시아에 걸쳐 전개되었을 뿐만 아니라, 그 문화적·정신적 토대 또한 유럽적 특성이라기보다는 스토아 사상에 기초한 보편주의적, 세계시민적 사고에 기초하고 있기 때문이다. 따라서 바라클로흐는 하나의 정체성의 개념으로서 유럽의 자기 인식은 로마의 붕괴 후, 특히 이슬람이라는 타자와의 만남과 함께 형성된 것으로 보아야 한다고 주장한다(Barraclough 1964, p.9~10).[4]

이러한 의미를 갖는 중세가 언제부터 시작되었으며 언제부터 근대라고 불리는 시대로 넘어가게 되는가에 대해서는 학자마다, 또 보는 시각에 따라 조금씩 다르지만, 대개 5세기에서 15세기의 1000년으로 보는 것이 가장 일반적이다. 먼저 중세의 시작은 대체로 476년 서로마제국의 마지막 황제가 게르만의 용병대장 오도아케

---

4) 에코(Umbrto Eco) 또한 유럽이 단일문명으로 구분되기 시작한 것은 로마제국의 종말과 로마-이민족 왕국 형성 이후라고 지적하고 있다(김시홍 외 2003, p.16).

르에 의해 폐위됨으로써 서로마제국이 몰락하게 되는 시점을 기준으로 삼고 있다. 이 사건을 중세의 시작으로 보는 이유는 이 시점을 기준으로 지중해를 근거로 하였던 유럽 역사의 중심이 알프스 산맥을 넘어 유럽의 대륙으로 옮아가게 되었으며, 이 중심축의 변화와 함께 고대의 문화와 예술이 파괴되고 사라져갔다는 점이다 (푸어만 2005, p.7: 서양중세사학회 2003, pp.16~17). 이러한 중세가 막을 내리게 된 시점은 대부분 인식하듯이 르네상스가 시작되었던 15 세기경으로, 르네상스라는 대 변화의 시기를 거치면서 유럽은 또 다른 변신을 하게 된다.

이상의 일반적인 시대 구분에도 불구하고 일부는 다른 견해를 내 놓기도 하는데, 이는 중세의 시작과 관련된 상이한 시각이 주를 이루고 있다. 푸어만은 중세를 규정하는 특징은 그 무엇보다 그리스도교이며, 따라서 중세의 시작은 로마제국의 콘스탄티누스 황제에 의해 그리스도교를 구교로 받아들였던 4세기부터[5] 이미 시작된 것으로 이해한다. 그러나 황제가 그리스도교를 받아들였다고 해서 로마제국과 로마제국 몰락 이후 주도권을 차지한 게르만 중심의 유럽 대륙에 그리스도교가 파급된 것은 아니다. 피렌느(Henri Pirenne)는 오히려 교황 레오 3세가 샤를마뉴[6]를 서로마 황제로 대관한 800년을 중세의 시작을 알리는 상징적인 사건으로 간주하였

---

5) 콘스탄티누스 황제는 313년 밀라노 칙령을 통해 그동안 박해를 받아왔던 그리스도교를 승인하고, 그 스스로 그리스도교를 장려하였고, 325년에는 니케아 종교회의를 통해 교리를 체계화함으로써 로마 가톨릭이 유럽에 뿌리내리는 기틀을 마련하였다.

6) 샤를마뉴(Charlemagne, 742~814): 프랑스어로 '샤를 대제', 독일어로는 카알 대제(Karl Magnus), 라틴어로는 카롤루스 대제(Carolus Mgnus)라고 불릴 정도로 전 유럽에 영향력을 미쳤던 황제이다. 샤를마뉴의 아버지 피핀(Pippin)은 751년 프랑크 왕국을 건설했던 메로빙거 왕조를 무너뜨리고 스스로 프랑크 왕국의 왕이 되어 카롤링거 왕조를 열었다.

는데(서양중세사학회 2003, p.17), 그 이유는 이 사건을 그리스도교가 유럽대륙의 중심에서 공식적으로 승인되는 계기로 인식하였기 때문이다.

샤를마뉴의 서로마 황제로의 대관은 그리스도교가 유럽적 정체성으로 자리 잡게 되는 하나의 상징적인 사건이지만, 이 상징적 사건은 유럽인들이 타자와의 만남을 통해 깨닫기 시작한 스스로의 정체성 확립의 결과이기도 하였다. 즉 프랑크 왕국의 샤를마뉴는 지금의 스페인인 이베리아 반도까지 진출한 이슬람 세력을 물리치고, 유럽을 이슬람의 공격으로부터 보호하였다. 이러한 다른 종교, 문화와의 만남을 통해 유럽은 이슬람과는 다른 하나의 문명으로서 스스로의 정체성을 키워 나갔고, 이를 그리스도교와 게르만적 요소와의 결합(서양중세사학회 2003, p.17)해 나갔던 것이다. 이렇게 해서 만들어진 중세 유럽의 사회적 특성이 봉건제였으며, 이를 그리스도교의 정신이 뒤받쳐 주는 중세적 정체성을 형성해 낸 것이다.

중세의 시기 구분과 관련한 서로 다른 시각에도 불구하고, 이들의 견해에서 한 가지의 공통된 요소를 도출해 낼 수 있는데, 그것은 곧 그리스도교이다. 중세의 시작을 4세기로 잡는 푸어만의 견해나, 800년으로 간주하는 피렌느의 견해 모두 그리스도교가 뿌리내리기 시작한 시점을 중세의 시작으로 간주하고 있는데, 이는 곧 대부분의 시각이 중세를 그리스도교와의 관계 속에서 이해하고 있음을 보여주는 것이라 하겠다. 이렇게 중세 유럽 사회를 관통하는 사회적 규범과 유럽적 정체성 및 특성은 그리스도교로 귀결되며, 중세에서 형성된 그리스도교적 정체성은 오늘날의 유럽에서도 여전히 튼튼히 그 뿌리를 내리고 있음을 우리는 곳곳에서 너무나 쉽게 찾아볼 수 있다.

역사에서는 결코 단절이 없으며, 역사의 각 상황마다 나타나는 요소들은 직접적이건 간접적이건 서로 연결되어 상호 작용을 한다는 점에서 분명히 유럽의 고대를 구성하는 그리스, 로마제국과 중세는 서로 관련되고 있다. 유럽적이라고 지칭되는 하나의 정신적, 문화적 정체성을 형성한 그리스도교는 "로마가 닦아 놓은 도로를 따라" 유럽의 곳곳으로 퍼져 나갔다(강원택 외 2009, p.23). 그럼에도 불구하고 게르만족의 이동과 융성은 고대의 사회(로마제국)에 외형적으로나 실질적으로 큰 변화를 준 것이 사실이며, 이후 "역사의 전개 과정은 분명 고대와는 많은 부분에서 차이점을 나타내고 있다(심재윤 2005, p.16)." 그 차이점이 바로 그리스도교와 게르만적인 것의 융합이었으며, 그 시기가 고대와는 다른 중세였던 것이다. 즉 중세는 그리스도교가 유럽 전역으로 구석구석까지 뿌리를 내려간 시기였고, 그 과정에서 이슬람이라는 다른 종교적, 문화적 정체성을 만나, 유럽 스스로의 독자적 정체성(로마제국의 보편주의와는 달리)을 형성해간 시대였다.

Ⅲ. 중세의 시기 구분과 유럽적 정체성의 확립

그리스도교라는 단일적 종교적, 문화적 정체성으로 설명되는 중세지만, 1000년이라는 기나긴 시기는 그 자체로서 처음부터 끝까지 하나의 특성으로만 해석될 수는 없다. 게르만의 이동과 함께 그 막이 오르기 시작한 중세의 1000년은 중세를 특징짓는 그리스도교가 유럽의 정신적, 문화적 특성으로 자리 잡아가는 과정에서의 역할과 이에 따른 사회적 변화에 따라 세 시기로 구분될 수 있다(서양중세사학회 2003, pp.20~24).

첫 번째 시기는 게르만의 이동에 의한 서로마제국의 몰락과 그이후의 혼란기를 거쳐 프랑크 왕국 중심으로 유럽사회의 질서가 재편되는 시기이다. 그리스도교 정신과 문화를 유럽적 정체성으로 확립한 시기인 중세는 민족들의 이동, 서로마제국의 몰락과 비잔틴과의 관계 소원 그리고 이슬람의 대두 등과 같은 복잡한 국제질서의 변화와 함께 시작되었다. 고대 말기의 어지러운 정세 속에서 비잔틴으로부터 점진적으로 자율성을 확보해 나간 로마 교회와 유럽의 중앙에서 새로운 세력으로 성장한 프랑크 왕국은 8세기 중반 카롤링거 왕조에 이르러 공식적인 동맹관계로 발전하게 되었다(서양중세사학회 2003, p.55). 도슨(Christopher Dawson)이 카롤링거 왕조를 "중세를 관통하는 그리스도교적 문화의 토대이자 출발점으로(Barraclough 1964, p.12)" 서술하고 있는 것처럼 카롤링거 왕조가 이끌었던 프랑크 왕국은 고대 로마제국과는 사뭇 다른 유럽적 특성을 형성하였다.

로마 교황청과 프랑크 왕국의 동맹관계는 로마 교회에 의해 먼저 시도되었는데, 로마 교회의 경우 서로마제국의 붕괴와 비잔틴의 쇠퇴 이후 이를 대신하여, 로마의 교황권을 보호해 줄 세력이 필요하였기 때문이다. 그리하여 세속적 권력인 프랑크 왕국은 교황권의 보호자가 되는 반면, 교황(로마 교회)은 프랑크 왕국에 로마제국의 계승자로서의 지위를 상징적으로 승인하는 관계를 이루게 되었다. 이러한 로마 교회와 프랑크 왕국의 동맹관계는 특히 카롤링거 왕조의 샤를마뉴가 교황 레오 3세로부터 황제로 대관을 받음으로써 교회와 세속적 국가가 하나가 되는 그리스도교적 유럽 정체성을 대변하는 상징이 되었다. 샤를마뉴 때에 이르러 프랑크 왕국은 정복을 통해 에스파냐와 브리타뉴 지역을 제외한 대서양과 북해 연안에서부터 동쪽의 엘베 강과 보헤미아, 그리고 남쪽으로는 로마 이북의 이탈리아에 걸치는 거대한 제국을 건설하였고, 이들 전역에 그리스도교를 전파하여 통일된 하나의 그리스도교 유럽을 이룩하였다(노명환 2001, p.4). 이렇게 카롤링거 왕조 시대에 이르러 왕국(세속적 권력)은 교회(교황권)의 보호자로서 하나로 결합하게 되고, 그 속에서 그리스도교는 전체 왕국의 통일성을 이루는 정체성으로 자리 잡게 되었다.

그러나 카롤링거 왕조에 의한 단일적 유럽의 틀은 오래가지 못했다. 샤를마뉴 사후 프랑크 왕국은 내부 분열과 이민족들의 침입에 의해 붕괴되었고, 그 결과 프랑크 왕국은 베르됭 조약(843)을 통해 오늘날의 프랑스, 이탈리아, 독일의 전신이 되는 3개의 국가로 분열되었다. 이러한 혼란의 시기에 왕국이 더 이상 주민들을 보호할 수 없게 되자 약자들은 지방의 유력자에게 의탁하여 재산과 생명을 보호받는 주종제가 발달하기 시작하였고, 8세기 후반 이후에는 이 주종제와 은대지 제도가 결합하면서 9세기경에는 영주의 대토지소유제를 기반으로 하는 장원제가 수립되면서, 중세의 사회적 특징을 이루는 봉건제7)가 정착되어 갔다.

---

7) 봉건제도는 중세의 사회를 설명하는 특징적인 요소이지만, 이 글에서 다루고 있는 주제와는 다소 거리가 있으므로 봉건제에 대한 상세한 언급은 하지 않기로 한다. 중세의 봉건제에 대해서는 블로크 1986 참조.

이처럼 프랑크 왕국의 붕괴 이후 프랑크 왕국의 정복에 의한 단일적 사회 질서는 다원주의적 정치 구조로 변하게 되었다. 유럽에서의 정치적 다원주의, 즉 세속적 권력의 분열은 봉건적 사회 질서의 확산과 함께 개별 영주권의 강화로 이어졌으며, 이러한 변화 속에서 유럽 사회는 다양한 정치적 주체(영주, 국왕 등)들의 네트워크가 형성되어 갔다. 독일의 경우 오토(Otto) 1세가 샤를마뉴의 황제직을 계승(962)하고 신성로마제국을 탄생시키면서 유럽의 새로운 구심력을 발휘하기 시작하였으나, 그 영향력은 오래 지속되지 못했고, 11세기 중반 서임권 투쟁을 계기로 서서히 지방 영주들에게 권력이 분산되어 갔다. 이와 함께 영국, 프랑스 등 유럽의 다른 지역에서도 오늘날의 국민국가의 토대들이 형성되어 가면서 이들 국가의 국왕들이 황제와 어깨를 나란히 하는, 서로 경쟁적인 다원주의적 질서를 형성해 갔다(차용구 2002, p.126).

카롤링거 왕조의 프랑크 왕국에서 세속적 권력은 그리스도교의 보호자로서 우호적인 관계를 유지하였고, 이러한 관계 속에서 그리스도교는 유럽의 보편적 정체성으로 자리매김 되어갔지만, 교황의 지위는 세속 권력에 대응할 정도가 되지못하였다. 11세기 초까지만 해도 교황직은 하나의 주교직에 불과하였고, 세속적인 문제가 아닌 신앙의 문제에 있어서도 교황은 이탈리아 지역 바깥의 교회 문제에 개입하는 경우는 드물 정도로 교황권은 무력하였다(서양중세사학회 2003, pp.110~112). 그래서 군주가 주교를 지명하고 그 직책과 결부된 권력과 성직록을 수여하는 것이 관례화 되었다. 또한 오토 1세의 경우 자신을 신성로마제국 황제로 대관한 교황(요한네스 12세)을 폐위하기도 하는 등 교권에 대한 세속권력의 개입과 우위를 다져 나갔고, 그 과정에서 교회는 자연히 세속화되어 갔다. 교회의 세속화는 세속권력 강화의 결과이지만, 이러한 현상이 그리스도교의 약화 및 이에 따른 그리스도교적 정체성의 약화를 의미하는 것은 아니었다. 오히려 교회의 세속화는 그리스도교가 황제의 종교를 넘어 분권화된 중세의 봉건적 질서 속에서 영주들과 그들이 지배하는 일반인들의 생활 저변으로까지 파고드는 결과를 낳게 되었다. 즉 국왕과 영주 등 세속권력이 모두 권력 정당성을 교회로부터 이끌어 내려 하였고, 이러한 노력들을 통해 그리스도교는 오히려 중세 유럽인의 생활 전체로 뿌리를 내리게 되었던 것이다.

중세의 두 번째 시기는 11세기부터 13세기의 시기로, 유럽적 정체성으로 자리 잡은 그리스도교가 가장 큰 영향력을 발휘했던 시기이다. 중세의 모든 것으로 설명될 정도로 그 지위와 영향력을 행사하게 된 그리스도교의 위상은 그러나 카롤링거 왕조 이후 전개된 교회의 세속화의 부정적 모습에 대한 반작용이었다. 교회의 세속화와 이에 따른 교회의 폐단은 다른 한 편으로 교회 스스로의 자정에 대한 목소리도 함께 일으키는 계기로 작용하였다. 앞서 언급된 바와 같이 카롤링거 왕조의 몰락으로 결과한 통일적 유럽의 해체는 지역적 영주의 지배권 등 세속적 권력의 강화와 이들의 할거로 이어졌고, 이는 다시 교회나 수도원의 재산과 권위에 대한 침탈 및 사회적 무질서, 농민들의 피해와 같은 혼란스러운 결과를 초래하였다.8) 이러한 세속적 혼란함 속에서 그리스도교는 자신들 고유

---

8) 중세사회가 영주제를 중심으로 하는 봉건적 질서가 정착되면서 왕이나 영주들은 성직자들에게도 충성을 요구하며 그 대가로 봉토를 수여하였고, 이러한 과정을 거쳐 주교들과 수도원장들도 세속

의 사명, 즉 사회의 교화와 평화를 위한 사명을 재인식하고, 세속화된 그리스도교의 개혁운동을 전개해 갔다(장준철 2010, pp.132~136).

그리스도교의 개혁운동은 먼저 클뤼니 수도원을 중심으로 전개되었다. 클뤼니 수도원은 무엇보다 설립 당시부터 일체의 세속적 권리를 포기함으로써, 세속 권력으로부터 자유로울 수 있었다. 클뤼니 수도원은 기도와 수행을 통해 그리스도교 신앙의 본질과 이에 기초한 그리스도교 생활의 경건성을 강조하면서, 교회의 세속화로 만연된 성직매매와 세속 권력화의 폐단을 척결하는 데 앞장섰다(서양중세사학회 2003, pp.115~118). 클뤼니 수도원의 개혁은 교회의 세속적 권력화와 정치화에 대응하여, 교회의 비정치성과 수도원과 교회 내부의 개혁을 목표로 한 것이었지만, 결과적으로 이 개혁은 유럽사회 전체의 그리스도교적 생활의 심화, 즉 중세인들의 일상생활에서 그리스도교의 의미와 교회와 교황의 지위를 강화하는 것으로 이어졌다.

클뤼니 수도원의 개혁을 중심으로 전개된 교회의 개혁운동은 교황 그레고리오 7세에 이르러 그 절정에 달하였다. 그레고리오 7세는 교황이 되면서 성직의 매매와 성직자의 결혼을 금지시키는 등 교회의 개혁에 더욱 박차를 가해나갔다. 더 나아가 그레고리오 7세는 교회의 부패의 근원인 세속권력과 교권과의 관계 단절을 모색하였고, 그리하여 평신도(황제, 제후 등)에 의한 그리스도교 성직자의 서임권을 자체를 인정하지 않으려 하였다. 그러나 그레고리

영주화되는 현상이 빈번해졌다. 주교나 수도원장의 세속화는 그러나 신앙적인 면에서는 많은 문제를 결과하였다. 세속적 권력과 정치에 주교와 수도원장들이 연루되면서 종교적 믿음은 타락해 갔고, 심지어는 영주나 왕의 세력 강화의 측면에서 일반인을 주교나 수도원장으로 임명하는 일까지 생겨날 정도로 타락해 갔다.

오 7세의 이러한 개혁은 교권과 속권의 대립을 불러일으켰고, 이 대립은 결국 밀라노 주교의 임명권을 둘러싸고 교황 그레고리오 7세와 신성로마제국 황제 하인리히 4세의 대결로 나타났다. 교권과 속권의 대립은 카노사의 굴욕(1077)[9]이라는 역사적 사건으로 결말을 맺게 되고, 이후 12~13세기를 거쳐 중세가 쇠퇴할 때까지 교황 중심의 유럽질서가 확립되어 갔다.

교회 내부의 개혁과 봉건적 질서에 따른 세속권력들의 분산 그리고 이들의 복잡한 관계 속에서 확립된 교황의 보편적 지배권과 이에 기초한 교황 중심의 질서는 12~13세기에 이르러 교황으로 하여금 세속과의 관계에서뿐만 아니라, 그리스도교적 정체성으로 확립된 중세 사회의 모든 영역에서 막강한 권력을 행사하게 하였다. 12~13세기에 이르러 유럽은 한 편으로는 영국, 프랑스 등의 국가에서 오늘날의 국민국가의 모습들이 점차 커 나가고 있었으며, 다른 한 편으로는 여전히 지방분권적 봉건세력의 힘과 영향이 공존하고 있었다. 이러한 복잡한 상황 속에서 유럽은 영토분쟁과 왕위계승을 둘러싸고 크고 작은 세속권력들 간의 복잡한 관계가 전개되었는데, 이 복잡한 관계 속에서 교황은 직, 간접적으로 개입하면서 그 영향력을 확대해 나갔던 것이다(장준철 2010, p.127).

---

9) 클뤼니 수도회 출신 수도사로 교황에 오른 그레고리오 7세는 밀라노의 주교 서임권에 대해 신성로마제국의 황제였던 하인리히 4세가 불복하자 그를 파문하고 그의 황제직 폐위를 선포하였다. 교황 그레고리오 7세의 이러한 결정에 독일의 제후들은 하인리히 4세의 파문을 인정하고 그가 교회의 속죄를 받지 않으면 새로운 황제를 선출할 것을 결의하였다. 이에 위험을 느낀 하인리히 4세는 아우크스부르크 회의에 참가하기 위한 여정 중 카노사(Cannossa)에 머물고 있던 교황을 찾아가, 3일간 눈이 쌓인 수도원 광장에서 참회를 한 후 마침내 교황의 사면을 받았다. 그러나 이후 다시 세력을 회복한 하인리히는 카노사의 굴욕을 잊지 않고 1084년 로마를 점령하고 교황 그레고리오 7세를 폐위시켰다. 그러나 그레고리오 7세의 폐위가 다시 황제권의 회복을 의미하는 것은 아니었다. 세속권력으로부터 그리스도교 성직자의 서임권을 박탈하려던 그레고리오 7세의 개혁은 이후 그를 계승한 교황들에 의해 더욱 강력히 추진되었고, 이후 유럽사회에서 교황의 보편적 지배권이 확립되었다.

교권의 세속적 권력과 정치에 대한 관여를 위해서는 교황의 수위권에 대한 이론적, 법적 근거가 필요하였는데, 이러한 근거는 이노센트 3세와 4세에 의해 정리되었다. 먼저 이노센트 3세는 교황의 수위권을 사도 베드로가 보편교회뿐 아니라 세속 전체의 통치권을 위임받았다는 점에서 도출하였다. 즉 이노센트 3세는 예수가 베드로에게 교회를 위임한 것을 그리스도교 세계 전체를 포괄하는 종교적이며 또한 동시에 정치적인 의미로 해석하였다. 따라서 교황은 교회뿐 아니라 세속 모두를 구성하는 그리스도인들로 구성된 '그리스도 국가'의 개념을 정립하고 이의 수장으로서 교황을 주장하였다. 이노센트 4세는 교황은 그리스도의 대리자로서 모든 사물과 사람에 대한 보편적 감독권을 가진다고 주장하면서, 교황이 교회와 세속의 모든 것을 통괄한다는 '단일수장론'을 정립해 나갔다(장준철 2010, pp.128~131). 이처럼 중세의 두 번째 시기는 세속적 권력에 대한 교황권의 우위를 바탕으로 유럽 사회가 그리스도교라는 통일적 정체성을 다져나가는 최절정[10]을 이루었고, 이러한 종교적 하나 됨은 많은 희생과 부작용에도 불구하고 여러 차례에 걸친 십자군 원정의 토대가 되었다.

중세의 세 번째 시기는 중세의 사회 질서가 위기를 맞고 마침내 해체되는 14~15세기이다. 교황의 우월적 지도 아래 그리스도교적

---

10) 11세기 이후 교황의 권한 확대의 중요한 도구의 하나는 '파문'이었다. 이노센트 4세에 이르러 정립된 단일수장론은 물론 형식적으로는 교황의 세속에 대한 직접적인 간섭은 아니었지만, '영적'인 영역의 수장으로서 '죄로 인한' 문제는 무엇이든 간섭할 수 있는 가능성을 열어 두고 있었다. 따라서 교황이 죄인에 대해 그리스도교도로서의 자격을 박탈하는 파문은 비록 세속에 대한 직접적 개입이 아님에도 불구하고, 당시 그리스도교가 유럽의 보편적 가치와 윤리의 기준으로 작용하고 있는 상황에서는 파문제재를 당한 당사자에게는 치명적인 세속적 결과를 초래하지 않을 수 없었던 것이다. 카노사의 굴욕이라는 결말로 끝난 그레고리오 7세와 하인리히 4세의 충돌에서도 교황의 세속에 대한 파문제재가 얼마나 큰 힘을 발휘했던가를 잘 이해할 수 있다. 이와 관련하여서는 장준철 2010, pp.125~153 참조.

정체성으로 하나가 되었던 유럽은, 이러한 중세 그리스도교적 특성의 대표적 표출이라 할 수 있는 십자군 전쟁을 거치면서 역설적이게도 그 본래적 특성을 상실해 갔다. 십자군 전쟁은 무엇보다 중세 사회의 골간을 이루었던 봉건제의 쇠락을 초래하였다. 여러 차례에 걸친 십자군 원정을 통해 봉건제의 지배계급이었던 영주와 기사들이 몰락한 반면, 농노들의 지위 상승과 해방은 봉건제가 유지될 수 있는 사회적 토대를 무너뜨렸다. 이러한 현상은 14세기 유럽에 확산되어, 당시 유럽인구의 1/4을 희생시킨 흑사병의 창궐로 더욱 가속화되었다. 흑사병을 통해 많은 농노들이 목숨을 잃으면서 중세 유럽을 지탱해오던 봉건제도는 그 뿌리부터 흔들리게 되었던 것이다. 흑사병으로 인한 인구의 격감은 노동력 부족과 그에 따른 식량 생산의 감소로 이어졌고, 전염병과 생활환경의 어려움은 잦은 농민들의 반란으로 이어져 사회는 더욱 혼란스러워졌다.

중세 유럽의 분권적 질서를 틀 지웠던 봉건제도의 제 요소들의 몰락은 다른 한 편으로 왕권 신장을 결과하였다. 봉건 영주의 권한 및 세력의 약화는 상대적으로 농민들에 대한 권한과 통제력의 약화로 이어졌고, 게다가 흑사병으로 인해 생활환경이 극도로 열악해진 농민들은 영주 대신 국왕에게서 그들의 안식처를 구함으로써 농민들은 왕권의 강력한 지지 세력으로 되어갔다. 왕권의 지지 세력은 농민뿐만이 아니었다. 십자군 전쟁 이후 이탈리아에서부터 활성화 된 상업은 유럽 전체로 확대되었고, 이렇게 해서 성장한 상인 계급은 세력을 키워가던 왕권의 중요한 지지 세력으로 등장하였다. 이러한 사회 변화와 함께 영국과 프랑스의 왕위 계승을 계기로 일어난 백년전쟁(1337~1453)은 유럽사회에서 서서히 성장해가던 왕권의 강화를 넘어서서 중앙집권적 국민국가라는 새로운 형태의 사회적 틀을 여는 계기가 되었다(민석홍 외 2008, pp.121~154 참조).

이상과 같은 중세 사회의 변화는 오랫동안 유럽 사회의 통일적 정체성으로 뿌리내려온 그리스도교의 역할과 교황의 영향력에 큰 변화를 가져왔다. 교황의 부름 아래, 종교적 믿음으로 시작된 십자군 전쟁이 그 과정에서 변질되고, 최종적으로 실패함에 따라 교황의 권위와 영향력은 약해질 수밖에 없었다. 교황권의 약화는 또한 동시에 그리스도교에 대한 도전과 개혁으로 이어졌다. 십자군 전쟁으로 동방과의 교류가 많았던 이탈리아에서는 그리스, 로마의 인문주의적 사고가 다시 부활하는 르네상스가 전개되었고, 이러한 인간 중심의 사고와 문화는 점차 알프스 산맥을 넘어 유럽으로 번져 나갔다. 또한 중세 시기 동안 그리스도교의 중심이었던 로마 가톨릭에 대한 저항과 개혁의 움직임(종교개혁)이 유럽 전역으로 퍼져나가면서 유럽사회의 통일적 정체성을 형성하였던 그리스도교는 분열하게 되었고, 중세의 시기도 그 막을 내리게 되었다.

Ⅳ. 종교적 일체성과 세속적 다양성: 다양성 속에서의 일치

중세는 암흑의 시대라는 부정적 이미지와 평가를 받아왔지만, 중세 유럽을 특징짓는 그리스도교는 중세 이후 오늘날까지 유럽적인 정체성의 전형으로 자리 잡고 있는 것이 사실이다. 따라서 중세에 대한 이해, 특히 중세를 규정하는 그리스도교적 사회 질서의 이해는 오늘날의 유럽 사회를 이해하는 데도 여전히 중요한 기준으로 작용한다 하겠다. 무엇보다 중세의 전 시기를 관통하고 있는 그리스도교적인 특성은 그리스도교가 가지는 '보편성', '통일성'일 것이다. 그리스도교가 유럽에서 자리 잡게 된 것은 로마제국에서 그리스도교를 승인하고, 그 후 그리스도교가 로마제국이 지배하는 유럽의 전 영역으로 확산된 결과이지만, 오늘날까지 유럽의 정체성을 규정하는 특성으로 자리 잡게 된 것은 카롤링거 왕조를 통해서라고 할 수 있다.

"중세 크리스트교 문명의 출발점은 카롤링거 제국이다(차용구 2002, p.125에서 재인용)"라고 주장한 도슨(C. Dawson)의 말처럼 그리스도교는 카롤링거 왕조에 이르러 동방 교회와 이슬람 등 타자와의 만남 속에서 이들과는 다른 스스로의 문화적 정체성으로 받아들여졌고, 이 과정에서 카롤링거 왕조는 로마와 교황권, 즉 그리스도교의 보호자로 그리스도교가 유럽의 보편적 정체성으로 뿌리내리는 데 결정적 기여를 하였다(Barraclough 1964, p.15).[11] 바라클로흐는 그러나 카롤링거 왕조에서 오늘날 우리가 유럽적 정체성이라고 말하는 모든 기초가 형성된 것은 아니라고 주장한다. 그에 의하면 진정한 유럽은 오히려 카롤링거 왕조의 붕괴와 함께 시작되었다. 왜냐하면 진정한 유럽사회의 특성은 '다양성 속에서의 일치'에 있으며, 이 다양성, 즉 다양한 정치적, 사회적 그리고 종교적

---

11) 바라클로흐는 카롤링거 왕조의 프랑크 제국이 유럽의 역사에 기여한 바를 다음과 같이 들고 있다. 첫째, 프랑크 왕국은 서로마제국 붕괴 이후 있을지도 모를 유럽사회 전체의 붕괴를 막았으며, 둘째, 오늘날 프랑스, 이탈리아, 독일 그리고 네덜란드의 기초적 영역과 어느 정도 유사한 제도적 틀을 형성하였으며, 마지막으로 근본적으로 유럽사회 전체를 관통하는 공통의 정신적 사고의 틀을 이루어 놓았는데, 바로 이 세 번째 기여가 그리스도교적 통일성을 유럽사회에 뿌리 내리게 함을 의미하는 것이었다(Barraclough 1964, pp.112~13).

주체들의 네트워크는 카롤링거 제국이 붕괴되면서 비로소 형성되었기 때문이다(Barraclough 1964, pp.15~16).

이 처럼 카롤링거 왕조를 지나면서 유럽은 오늘날 우리가 유럽적인 것이라고 지칭하는 유럽적 정체성의 두 요소, 즉 '통일적 보편성'과 '다원적 개체성'의 두 개념을 확립시켰고, 이후 이 두 특성은 오늘날까지 관통하는 유럽적 특성으로 주장되고 있다(차용구 2002, p.126). 카롤링거 왕조의 보호 아래 그리스도교는 카롤링거 왕조가 건설해 놓은 유럽의 왕국(프랑크 왕국) 전역에 걸쳐 통일적 가치와 이념으로 자리 잡으면서 보편주의적 특성을 형성하였고, 왕조가 몰락한 이후 새롭게 형성된 다양한 세속적 권력들의 관계는 또 다른 유럽적 특성의 한 요소인의 다원주의를 뿌리내려 갔다. 문제는 '통일성과 다원성, 이 두 상반된 특성들이 어떻게 유럽사회를 특징짓는 특성으로 조화될 수 있는가'하는 것인데, 이 문제를 카롤링거 왕조의 몰락 이후 변화된 세속적 질서, 즉 프랑크 왕국 아래서의 통일적 질서에서 다원적 질서로의 변화를 그리스도교가 스스로의 교리 속에서 받아들임으로써 유럽적 특성으로 조화시켜 나갔다.

그리스도 교회는 카롤링거 왕조 아래에서는 프랑크 왕국과의 일체성 속에서 (그리스도교 국가라는 개념으로) 유럽을 그리스도교화 해 갔으나, 카롤링거 왕조의 몰락 이후에는 유럽 사회가 여러 개별적 국가 혹은 정치적 주체들로 분열되는 상황을 받아들이면서, 교회를 오히려 분열된 정치적 주체들을 서로 연결 시켜주는, 세속적 권력과는 다른 차원의 존재로서의 자기정립을 통해 그리스도교의 유럽적 정체성을 이어 나갔다. 세속 권력과 단절된 존재로서의 교회의 새로운 자기 이해는 교회 내부 질서에도 변화를 가져와, 로마 교황으로부터 독립되어 독자적 자주성을 가지는 수도원들이 등장하기도 하였다(Barraclough 1964, pp.16~17). 이처럼 새로운 사회적 환경 속에서 그리스도교도 과거 제국과 하나된 형태의 통일성에서 벗어나, 이제는 서로 다른 독립적인 세속적 주체(국가, 민족 등의 정치적 주체)와 종교적 주체(교황, 주교, 수도원)들이 그리스도교라는 종교적 공통성 속에서 서로 연대를 하는 형태의 새로운 통일성의 모습을 만들어 갔다.

이러한 새로운 질서의 변화는 그러나 그리스도교 교리의 변화가 아니라 본질적으로 그리스도교의 교리, 즉 '그리스도의 몸(Corpus Christi)'이라는 유기체적 세계관[12] 그 자체에서 도출된 것이다. 교회는 그리스도의 몸과 같고, 따라서 몸이 여러 지체들로 구성되는 것처럼 교회도 여러 지체들로 구성되는데, 교회를 구성하는 이 지체들에는 세속적 주체와 종교적 주체 모두가 포함되는 것이었다. '그리스도의 몸'이라는 교리에 담겨있는 가장 중요한 그리스도교 공동체의 특성은 무엇보다 '일치와 통일'이지만, 그러나 이 "일치와 통일이 획일성을 뜻하지는 않는다." 오히려 그리스도교 공동체가 추구하는 "일치는 구성원과 지체의 다양성이 조화를 이루는 역동적 통일이다(차용구 2002, p.128)." 이와 같은 지체들의 '다양성' 속에서 전체 몸의 조화, 즉 '통일성'을 이끌어 내려는 유기체적 공

---

12) 그리스도교의 유기체적 세계관은 대표적으로 바오로 사도의 고린토 전서 12장 12~27절에 잘 나타나 있다. 이 성경의 구절을 간략히 요약하면 다음과 같다: "몸은 하나지만 많은 지체를 가지고 있고, 몸에 딸린 지체는 많지만 그 모두가 한 몸을 이루는 것처럼 그리스도의 몸도 그러합니다.… 몸은 한 지체로 된 것이 아니라 많은 지체로 되어 있습니다.… 여러분은 다 함께 그리스도의 몸을 이루고 있으며 한 사람 한 사람은 그 지체가 되어 있습니다." 이 외에도 그리스도교의 유기체적 공동체 사고는 성서의 여러 곳에서 나타나고 있다. 이외에도 성서의 여러 곳에서 그리스도교의 유기체적 세계관이 드러나고 있는데, 이와 관련된 구절들은 차용구 2002, p.128, 각주14 참조.

동체 사고는 이후 중세 시대의 사회적, 사상적 토대로 작용하였다.

중세 유럽이 '다양성 속에서의 일치'라는 사회적 원리를 통해 개별적인 세속권력과 보편적 그리스도교 문화, 정체성을 구현해 갔다는 점은 교황의 권위가 최절정에 달했던 시기에도 그대로 적용되었는데, 이는 무엇보다 당대 교황들의 세속 권력에 대한 새로운 입장의 결과였다. 클뤼니 수도원의 개혁을 시작으로 전개된 그리스도교 스스로의 개혁과 세속 권력의 분화 등과 같은 일련의 변화는 교황권의 확대와 교황 중심의 사회적 질서를 확립하였으나, 이 시기의 교황들은 과거 카롤링거 왕조에서와 같이 교황의 보편적 지배권을 세속적 권력의 단일화와 연계하지 않았다. 그레고리오 7세에서 이노센트 4세에 이르기까지 교황권의 절정기에 재임했던 교황들은 하나의 세속적 제국이 아니라, 변화된 세속 권력의 질서를 수용하였고, 그 토대 위에서 정신적 연대와 통일적 정체성을 추구해 나갔다. 그리하여 이들 교황들은 새롭게 생겨난 개별적 세속 권력 혹은 주체(국가, 영주 등)들을 '그리스도의 몸' 비유와 같이 전체 신(神)적 질서의 한 부분으로 인정하면서, 이들을 하나로 연결하는 형식의 통일성을 추구하였다. 개별 국가 혹은 세속 권력은 스스로 독자적인 정치적 주체로 간주되었지만, 동시에 교황의 주도아래 그리스도교의 정체성을 가진 전체 공동체의 한 부분이기도 하였다(Barraclough 1964, p.17).

이러한 중세적 사회 질서를 가장 잘 보여주는 예가 십자군 전쟁이다. 서로 다른, 때로는 상충되기도 한 이해관계를 가지고 있던 세속 권력들이 교황의 지도와 그리스도교 신앙의 상징인 십자가 깃발 아래 하나가 되는 모습을 8차례나 보여주었다. 물론 십자군 원정이 회를 거듭할수록 종교적 열망이 아닌 세속적 권력욕이나 재물에 대한 탐욕 등 여러 가지 요인들이 십자군을 형성하는 데 작용하였지만, 중요한 점은 이 십자군 원정은 많은 세속적 다양성들이 이슬람이라는 공동의 적에 대응하여 그리스도교적 정체성의 하나로 융합하여 전개되었다는 것이다(Barraclough 1964, pp.17~18). 다시 말해 중세 유럽에서의 다양한 권력 혹은 주체(다양성)들은 그들의 개별적 이해관계에도 불구하고 외부의 적(이슬람)에 대응하여 하나로 뭉칠 수 있었고[13], 그 정점에는 당시의 유럽 사회를 관통하는 보편성으로서의 그리스도교적 정체성과 그 수반으로서의 교황이 존재하였던 것이다.

다양성 속에서의 일치라는 중세적 질서는 그러나 마지막 200년간의 혼란기를 거치면서 퇴색되어 갔고, '다양성 속에서의 일치'라는 중세적 특성을 거의 찾아볼 수 없게 되었다. 중세 말기에 나타난 르네상스라는 문화적 흐름은 개별주의적 사고와 근대적 형태의 국가들의 형성을 더욱 가속화하였고, 교회는 스스로 분열상을 보이면서, 이제 중세의 그리스도교적 보편주의는 점점 더 빛을 잃어 갔다. 그러나 유럽에서의 새 물결이 다양성 속에서의 일치라는 중세의 특성을 완전히 빼앗아 버린 것은 아니다. 다양성과 통일성이 하나로 묶일 수 있는 문화적 전통을 중세는 유럽 사회에 뿌리내리게 하였고, 이러한 정신적, 문화적 토대 위에 근대사회 이후 개별적 이해관계들의 극단적인 대립의 시기에도 그 근저에는 언제나

---

13) 강원택·조흥식은 중세 유럽에서의 그리스도교 문화에 기초한 유럽적 정체성을 "객관적 동질성", 그리고 십자군 원정 등과 같이 다른 문명과의 접촉 및 교류를 통해 유럽이 스스로 인정하게 되는 자신들의 정체성을 "주관적 유럽의식"으로 표현하고 있다(강원택 외 2009, p.23).

통일적 유럽에의 요구와 흐름은 지속되어 왔으며, 그 흐름이 현대
에 와서 유럽통합의 한 원동력으로 제기되고 있는 것이다. 즉 "오
늘날 유럽의 국가들이 통합을 추진할 수 있었고 또 통합에 달성할
수 있었던 것은 바로 유럽의 동질성"이었으며, 이 동질성은 무엇보
다 "고대 그리스·로마 문화14)와 중세 유럽인의 정신세계를 지배
한 기독교(강원택 외 2009, p.25)"가 그 토대가 되었던 것이다.

V. 맺음말

중세 유럽은 그리스도교를 통해 사회의 이념적, 윤리적 틀을 마
련해 나갔고, 이 과정에서 '그리스도의 몸'이라는 개념을 통해 그
리스도교라는 통일적이고 보편적인 이념을 추구하면서, 동시에 개
체의 다원성을 인정하는 문화적 전통을 발달시켜 나갔다(차용구
2008, p.137). 이러한 유럽적 정체성이 틀을 잡게 된 것이 바로 중
세였다.

중세라는 시기는 대체로 합리적 인간의 이성에 의해 모든 것을
판단하게 된 근대 사회에 이르러 미신적이고 불합리한, 그래서 인
류의 역사 속에서 발전적(?) 흐름을 끊어 놓은 단절의 시기로 인식
되어 왔다. 그러나 역사에 있어서 단절이란 무의미한 것이며, 그
어떤 역사의 시기도 보다 앞선 시기와 보다 뒤에 오는 시기와의 관

---

14) 고대 그리스와 로마 문화는 그 자체로서 유럽적 정체성의 한 축을 형성하지만, 이는 또한 르네상
스 이후 유럽적 전통 속에서, 중세 천 년 동안 뿌리를 내린 그리스도교적 정체성과의 상호작용 속
에서 새롭게 해석되어 뿌리 내리게 되었다. 오늘날의 유럽은 바로 이 두 축 위에 존재하고 있는 것
이다.

계성 속에서 인식되어야 하며, 바로 그러한 점에서 개별적 시대 혹은 시기들은 단순한 시간의 흐름이 아니라, 역사의 한 장면으로서 의미를 가지는 것이다. 유럽의 중세 사회가 가지는 의미 또한 바로 이런 맥락에서 찾을 수 있다.

중세의 유럽은 무엇보다 그리스도교라는 보편주의 이념과 문화를 유럽사회 전체에 뿌리 깊게 새겨 놓았다. 유럽에서 그리스도교의 수용은 로마시대에 이루어졌지만, 이 그리스도교가 유럽적 정체성, 유럽적 특성으로 남게 된 것은 중세시대의 카롤링거 왕조에 의해서였다. 카롤링거 왕조의 보호 속에서 그리스도교는 타자, 즉 비잔틴과 이슬람이라는 또 다른 문화적, 종교적 정체성과 대응하면서 유럽적 정체성의 본질적인 요소로 뿌리내렸다. 특히 카롤링거 왕조의 몰락 후 세속적 권력과의 관계 속에서 부패된 그리스도교 스스로의 개혁운동과 십자군 전쟁을 통한 그리스도교적 정체성의 형성은 유럽에서 그리스도교 세계의 문화적, 정신적 동질성을 더욱 가속화 시켰다(Bosl 1980, p.9).

다른 한 편으로 카롤링거 왕조 이후의 세속적 주체들의 분열은 그리스도교적 통일성과 함께 다원주의라는 또 하나의 유럽적 특성을 만들어 내었다. 카롤링거 왕조의 프랑크 왕국의 붕괴는 유럽사회에 다원주의적 정치구조를 형성하였고, 이러한 다원주의 정치구조가 봉건적 사회 질서의 확산과 다양한 정치적 주체(영주, 국왕등)들의 네트워크가 형성되는 중세적 유럽 사회의 특성을 형성해 갔다.

세속적 다양성과 그리스도교적 통일성은 이후 중세의 정절기를 거치면서 '그리스도의 몸'이라는 그리스도교의 가르침을 통해 하나로 조화를 이루어 나갔다. 즉 교회는 그리스도의 몸과 같고, 따라서 몸이 여러 지체로 구성되는 것처럼 교회도 여러 가지 세속적, 종교적 주체들로 구성된다는 그리스도교의 가르침은 다양성들의 조화 혹은 일치라는 중세적 특성을 확립하는 근거로 사용되었다. 그리하여 그리스도교는 카롤링거 왕조 이후 유럽사회가 여러 개별적 세속 권력 및 주체들로 분열되는 현실을 인정하고 받아들며, 이들을 그리스도교 교회라는 공통의 정체성으로 연결시킴으로써 '다양성 속에서의 일치'라는 중세적 특성을 만들어 갔던 것이다.

중세 유럽의 특징으로 자리 잡은 '다양성 속에서의 일치'라는 개념은 이후 중세가 몰락할 때까지 그리스도교 문화가 중심이 되었던 유럽 사회 이끌어 가는 이념으로 작용하였다. 이러한 중세적 사회 질서, 특성은 유럽 사회가 국가주의적 분절과 대립의 패러다임으로 고착화되어 가던 근대사회에서도 완전히 사라지지 않고, 하나의 대안적 사회질서의 틀로 지속적으로 제기되어 왔으며, 현대에 이르러 유럽의 통합이라는 현실적 과제 속에서 통합의 토대와 추진력으로 작용하였다. 이처럼 다양성과 통일성은 중세 유럽 사회를 설명하는 중심이 되는 개념이며, 이 두 특성이 하나로 조화를 이루어 유럽적 특성으로 자리 잡은 것이 바로 중세의 역사이다. 이렇게 볼 때 중세라는 시기는 암흑기로 단절된 역사로서가 아니라 역사의 한 층으로서 과거를 새로운 방향으로 변화시키고, 이를 토대로 근대 및 현대의 역사가 자라나는 연속성의 시각에서 새롭게 조망되어야 할 것이다.

참고문헌

강원택 · 조홍식(2009), 『하나의 유럽』, 서울: 푸른길.

김시홍 · 박노호 · 송병준 · 이선필 · 장붕익(2006), 『유럽연합의 이해』, 서울: 높이깊이.

김영일(2005), "유럽통합에 나타난 연방주의 이념", 『한국정치학회보』 39집 2호.

노명환(2001), 『역사와 문화의 차원에서 본 유럽통합의 제문제』, 서울: 한국외 국어대학교출판부.

들루슈 프레데리크(Frederic Delouche) 편저, 윤승준 역(2003), 『새 유럽의 역사』, 서울: 까치.

르 고프 자크(Jacques Le Goff), 유희수 역(1997), 『서양 중세 문명』, 서울: 문학 과 지성사.

민석홍 · 나종일(2008), 『서양문화사』, 서울: 서울대학교출판부.

블로크 마르크(Marc Bloch), 한정숙 역(1986), 『봉건사회』, 서울: 한길사.

서양중세사학회(2003), 『서양 중세사 강의』, 서울: 느티나무.

심재윤(2005), 『서양중세사의 이해』, 서울: 선인.

장준철(2010), "13세기 교황중심의 유럽질서와 파문제재", 『서양중세사연구』 제25집.

차용구(2002), "통합유럽의 중세 유럽적 기원 – 중세 초기의 통일성과 다양성 개념을 중심으로", 『서양고전학연구』 제18집.

푸어만 호르스트(Horst Fuhrmann), 안인희 역(2005), 『중세로의 초대』, 서울: 이마고

Barraclough Geoffrey(1964), *Die Einheit Europas als Gedanke und Tat*, Goettingen.

Bosl Karl(1980), *Europa im Aufbruch. Herrschaft-Gesellschaft-Kutur vom 10, bis zum 14, Jahrhundert*, Muenchen.

Deuerlein Ernst(1972), *Foederalismus. Die historischen und philosophischen Grundlagen des foederativen Prinzips*, Bonn.

Gaster Jens(1998), "Subsidiaritaetsprinzip im Gemeinschaftsrecht", Heiner Timmer-mann, Hrsg, *Subsidiaritaet und Foederalismus in der Europaeischen Union*. Berlin.

Kerning Claus D(1979), *Sozialismus. Ein Handbuch. Bd. 1: Von den Anfaengen bis zum Kommunistischen Manifest*, Stuttgart · Berlin · Koeln · Mainz.

Koenig Franz · Rahner Karl(Hrsg) (1983), *Europa. Horizonte der Hoffnung*, Graz · Wien · Koeln.

"도덕적 영향"과 "국가의 사회화": 국제규범으로서 젠더 주류화(gender mainstreaming)의 기원과 확산[*]

황영주_부산외국어대학교 외교학과 교수

Ⅰ. 머리말

이 연구는 국제규범으로서의 젠더 주류화(gender mainstreaming) 정책이 어떻게 전 세계적으로 수용되고 확산되었는가를 검토하고 있다. 보다 구체적으로 젠더 주류화를 국제규범의 한 사례로 보고, 그것의 기원과 확산 등을 검토하는 것이 이 연구의 주요 목적이다.

국제규범(international norms)은 일반적으로 "행위자의 적절한 행동에 대한 총체적인 이해"로 정의된다.[1] 현재 지구화시대에 있어 국제규범과 관련된 여러 논쟁이 존재하지만,[2] 국제규범은 일반적

---

[*] 이 글은 "국제규범으로서 젠더주류화의 기원과 확산" 국제지역연구제5권 2호(2011)를 수정 보완한 것임.

1) *Ward Thomas, The Ethics of Destruction: Norms and Force in International Relations*(Ithaca; Cornell University Press, 2001), p.7.

2) 예를 들어 "지구화의 도래는 우리들로 하여금 인류를 범세계주의(cosmopolitanism)가 주장하는 바와 같이 보편적 규칙을 가진 하나의 도덕공동체로 간주할지, 아니면 현실주의가 주장하는 바와 같이 도덕기준의 공유 없이 각각의 공동체에 고유한 기준만을 가진 분리된 공동체의 집합으로 간주할지, 아니면 다원주의가 주장하는 바와 같이 어느 정도 기본적 도덕 기준을 공유하지만 각각 분리되어 있는 공동체의 집합으로 간주할지 생각해볼 것을 요구한다." 리처드 샵컷, "국제윤리", 존 베일리스·스티브 스미스·퍼트리샤 오언스 편저, 『세계정치론』, 하영선 외 옮김(서울: 을유문화사, 2009), p.234.

으로 "이상주의적 교리(ideational phenomena)"로 널리 알려져 있다. 예를 들어 "무력을 통제하는 데 있어 규범의 역할을 이해하기 위해서는 도덕적 원리가 근본적…"3)이라는 것이다. 하지만 국제규범은 실제로 이상주의적 성격뿐만 아니라 "국가의 이익(national interest)"을 앞세우는 현실주의적 교리를 함께 포함하고 있다고 평가되기도 한다.4) 다만, 문제는 당위성만을 강조하는 이상주의적 성격과 국익을 우선시하는 현실주의적 성격의 명백한 이분법의 입장에서 국제규범을 다루는 것은 국제규범이 갖는 원래의 성격을 제대로 이해하지 못할 수도 있다는 점이다. 다시 말해서 "규범의 역할을 이해하기 위해서는 현실주의자와 이상주의자의 패러다임 분리를 뛰어넘어야 한다."5)는 것이다. 특히, 최근 국제관계 변화의 큰 특징 중의 하나는 직접적인 힘의 행사에 덜 치중하면서 오히려 이념, 가치 및 규범 등의 연성권력에 기대는 국가 행위의 상황이 증가하고 있다. 이와 같은 배경에서 확장되는 국제규범을 연구할 필요성이 제기된다.

한편, 국제규범의 수용과 확산의 한 영역으로 살펴볼 젠더 주류화는 "정책결정에 관여하는 모든 행위자들이 정책 과정을 (재)조직, 고양, 개발, 평가하여 모든 정책의 단계와 수준에서 양성평등의 관점이 녹아들어 갈 수 있게 만드는 것"6)으로 정의된다. 젠더 주류화 전략은 남녀평등을 성취하기 위한 전 지구적 전략의 일환으로

---

3) Thomas, op.cit., p.3.

4) Ibid., p.3.

5) Audie Klotz, *Norms in International Relations: The Struggle Against Apartheid*(Ithaca; Cornell University Press, 1995), p.13.

6) The Council of Europe(1998), p.15; Emile Hafner-Burton and Mark A. Pollack, "Maingstreaming Gender in Global Governance", *European Journal of International Relations* 8(3) (2002), p.342에서 재인용.

서, 1995년 베이징 여성회의를 통해서 유엔 회원국들에 의해서 채택된 바 있다.[7] 이후 젠더 주류화는 UN회원국, EU회원국, 북유럽 각료회의, OECD 등 많은 국가와 다양한 국제기구에 의해서 수용되고 확산되었다.[8] 1996년에는 UN총회에서는 젠더 주류화를 국제기구의 공식적인 정책으로 채택하도록 하는 결의안을 통과시키기도 하였다.[9] EU의 경우에 "베이징 여성회의 이후 젠더 주류화는 유럽연합의 양성평등정책의 기본으로 수용되었으며, 특히 1997년 암스테르담 조약 이후에 보다 심도 깊게 포괄적으로 적용되어갔다."[10] 요컨대, 젠더 주류화는 여성과 관련 대표적인 정책이며 일종의 국제규범으로 작동하여 전 세계적으로 전파되고 있다.[11]

젠더 주류화를 국제규범의 맥락에서 이해하고 접근하는 것은 상당히 중요한 의미를 지닌다. 젠더 주류화 자체는 여성정책의 중요한 기반으로 작동하였고, 주로 젠더 정치학(gender politics)의 관점에서 검토되어 왔지만, 이른바 전통 정치학(the conventional politics) 관점에서 연구되는 경우는 상당히 드물었다. 이에 따라서 현실적으로 젠더 주류화가 개별국가 및 국제기구의 여성정책의 기반으로 작동

---

7) 황영주, "강건한 국가, 페미니즘의 약화; 젠더 주류화 정책으로서의 성별영향평가", 『21세기 정치학 회보』 제19집 1호(2009), p.333.

8) 마경희, "성주류화(gender mainstreaming)에 대한 비판적 성찰: 여성정책의 새로운 패러다임인가? 함정 인가?", 『한국여성학』 제23권 1호(2007), p.46.

9) Hafner-Burton and Pollack, op.cit., p.342.

10) Sylvia Walby, "Introduction: Comparative Gender Mainstreaming in Global Era", *International Feminist Journal of Politics* 7(4) (2005), p.454.

11) 이와 같은 배경에서 와이너(Wiener)는 젠더 주류화를 다양한 조직적 원칙(organising principles)으로 여기고 대표적인 국제규범으로 분류하고 있다. Antje Wiener, "Enacting meaning-in-use; qualitative research on norms and international relations", *Review of International Studies* 35(2009), p.184. 후술하겠지만, 이때 조직적 원칙이란 주로 "정책의 과정 내지는 정치적 과정과 관련되는 규범"을 의미한다. 그에 따르면 조직적 원칙으로서 국제규범은 젠더 주류화 또는 평화유지활동 등이 그 대표적인 예이다.

하고 있다면, 그것이 왜, 어떤 방식으로 국가와 기구에 수용되었는가를 살펴보는 것은 중요하다. 무엇보다도 국제규범에 대한 연구 또한 당위내지는 이미 "주어진 것"으로 간주되어 왔으며, 실제로 국제규범이 어떤 방식으로 왜 국제규범으로 작동하는가에 대한 연구는 많지 않았다. 이러한 배경에서 이 연구에서는 일면 국가의 이익과 깊은 관련이 없어 보이는 비국가적 국제규범으로서 젠더 주류화에 왜 많은 국가들이 민감하게 반응하는가에 대한 이유를 살펴보고자 한다. 다른 말로 하자면, 젠더 주류화로 대표되는 비국가적 국제규범의 확산과 수용이 어떤 방식으로 일어나는가에 초점을 맞추는 것이 이 연구의 목적이다.

이와 같은 배경을 가진 이 연구는 다음과 같이 구성된다. **II. 국제규범과 젠더 주류화**에서는 국제규범과 젠더 주류화에 대한 이론적·역사적 배경에 대해서 살펴보고자 한다. 여기에서는 국제규범을 둘러싼 국제정치학에서의 여러 이론과 입장에 대해서 소개하면서 동시에 젠더 주류화를 둘러싼 주요 개념과 역사적 배경에 대해서 살펴보고자 한다. **III. 국제규범으로서의 젠더 주류화**에서는 국제규범으로서의 젠더 주류화의 현황, 기원 및 확산에 대해서 고찰하고자 한다. 이 장에서는 여성 관련 조직의 초국가적 네트워크가 젠더 주류화에 형성에 끼친 도덕적 영향과 동시에 그것을 수용하는 국가의 국제사회에 대한 사회화에 초점을 맞추고자 한다. **IV. 결론**에서는 이 연구를 요약·정리하며, 아울러 이 연구가 가지는 의미에 대해서 살펴보고자 한다. 전체적으로 볼 때 이 연구는 베이징 여성회의 이후 대표적인 양성평등정책인 젠더 주류화를 국제규범의 확산과 수용이라는 측면에서 분석하고 있다.

Ⅱ. 국제규범과 젠더 주류화

1. 국제정치학에서의 국제규범

국제정치의 거대 패러다임인 이상주의와 현실주의에서 국제규
범을 어떻게 달리 해석하고 있는가에 대하여 주목할 필요가 있다.
이상주의에서 규범은 도덕적 입장의 반영이다. 즉, 국제규범은 국
가 수준에서 이루어지는 자기이익의 실현이 아니라, 국가의 상호
작용 및 이익 추구에서 거리가 먼 도덕적 기준에서 시작된다. 말
하자면 이상주의에서 볼 때 국제규범의 배경이 되는 도덕적인 충
격은 (현실주의적 관점과 반대로) "국가이익의 논리와 관련 없는
것"12)이 된다. 반면, 현실주의 교리에서 국제규범은 부차적인 현
상에 불과하다. 현실주의적 입장에서 국가의 행동은 도덕적 원리
와 법적인 책임으로 이루어지는 것이 아니라 이익과 권력의 고려
에서 결정되는 경우가 많다. 국제정치에서 도덕적 원리와 법적 책
임의 강조는 국가이익과 권력추구를 빙자한, 정책의 정당화일 경
우가 많다.13) "(국가의 구체적인) 정책에 영향을 미치는 것보다는,
국가지도자에 있어 규범이라는 것은 도덕적 용어로 포장한 이익
추구를 정당화하기 위한, 기껏해야, 편리한 도구에 불과한 것이
된다."14)

이러한 메타이론의 관점에서 벗어나, 구체적으로 현재의 국제규

---

12) Thomas, op.cit., p.15.

13) Ibid., p.5.

14) Ibid., p.8.

범을 분석하는 이론을 살펴보자. 현재의 국제규범과 관련한 대표적인 이론은 크게 합리주의적 입장, 사회학적 입장, 규범적 입장 및 구성주의적 입장으로 대별된다.[15] 우선 **합리주의적(rationalist) 입장**의 요체는 국가행위에 있어서 규칙성 및 일관성이다. 이 입장에서 국제규범은 국가의 권리와 의무를 정의하는 국가행동의 기준으로 파악된다. "규범 자체는 의도와 결과를 규율하는, (국가) 행위에 있어 일종의 처방전 같은 역할을 한다."[16] 일련의 국제규범은 국가의 행동의 지침으로 작동하게 된다. 만약 국가가 이와 같은 행동의 지침에 따르지 않게 되면, 제재가 따를 것이 예상된다. "표준화된 행동으로 규범을 보는 이와 같은 입장은 결국 행위자가 규범을 어길 시에 그에 따르는 처벌이 있다는 것을 감안하고 있다."[17] **사회학적(sociological) 입장**은 국제규범이 국제정치체제에 있어 정상성(normality), 관습 및 일반적인 실제가 포함되어 있다고 보고 있다. 이 입장 역시 국가의 행동에 있어 규칙성 또는 일관성에 대한 관심에서 출발하여 파악하고 있다.[18] 다만 합리주의적 입장과는 달리 규범은 국제사회관행의 결과임을 강조한다. 특히 이 입장에서 보면 규범은 반드시 도덕적 기준에서만 출발되는 것이 아니라, 국가들 사이에서 통용되는 공동의 관습에서 유래된다. 이에 따

---

15) Annika Björkdahl, "Norms in International Relations: Some Conceptual and Methodological Reflections", *Cambridge Review of International Affairs* 15(1) (2002), pp.13~15; Thomas, op.cit., pp.8~19

16) Björkdahl, op.cit., p.13. 이 입장에서 레이몽(Gregory A. Raymond)의 경우에는 "국가의 의무, 국가의 관할 범위 등 자격의 범위를 설명하는 일반화된 국가행동의 기준"으로 규범을 정의하고 있다. Gregory A. Raymond, "Neutrality Norms and the Balance of Power", *Cooperation and Conflict* 32(2) (1997), p.128; Björkdahl., op.cit., p.13에서 재인용.

17) Ibid., p.14.

18) 이 입장에서 그로위츠(Gurowitz)의 경우에는 "국가들 사이에서 공동의 실제에서 비롯된 결과"로 규범을 정의하고 있다. Amy Gurowitz, "Mobilising International Norms; Domestic Actors, Immigrants and the Japanese State", *World Politics* 15(3) (1999); p.417. Björkdahl, op.cit., p.14에서 재인용.

라서 "(규범의) 기준은 때로는 기능적 요소를 지니며, 비윤리적 기원과 목적을 가지기도 한다."[19] 말하자면 규범은 국가들 사이에서 이루어진 합의된 관행의 일부이지 반드시 윤리적·도덕적 기준을 갖는 것은 아니다. 반면 **규범적(normative) 입장**에서 보면 규범은 말 그대로 도덕적인 측면이 고려되어야 한다. 규범 자체는 바람직한 수단과 목표 그 자체로 인정되어야 하며, 정의와 권리 같은 문제에 대하여 집중되어야 한다.[20] 도덕적·윤리적 입장이 고려된 국가의 행동 기준으로서 국제규범은 작동된다. 이러한 점에서 국제규범은 상당한 정도 처방적(prescriptive) 이다. 항상 규범은 적정성과 적절한 행동에 대하여 관심을 가지게 되는 것이다. 마지막으로 **구성주의적(constructivist)의 입장**은 규범을 상호주관적인 이해와 총체적인 기대의 복합체라고 설명한다. 규범은 주어진 상황과 맥락 속에서 기대되는 국가 또는 다른 행위자의 적절한 행동과 직접적으로 연관된다. 이러한 의미에서 규범은 "무엇을 해야만 하는가에 있어 총체적인 평가와 기대되는 행동을 함께 포함하게 된다."[21] 이상과 같이, 규범은 단순한 이상주의적 교리가 아닌 상당히 복잡한 논쟁을 내포하고 있다할 것이다.[22]

---

19) Klotz, op.cit., p.14.

20) 이 입장에서 불(Hedley Bull)의 경우에는 "개인이나 단체들이 적절한 행동을 하도록 하는 필요한 혹은 강제하는 일반적인 필수적인 원리"라고 규범을 정의하고 있다. Hedley Bull, *The Anarchical Society: A Study of Order in World Politics*(New York: Columbia University Press, 1977), pp.27~30; Björkdahl, op.cit., p.14에서 재인용.

21) Ibid., p.14. 한편 구성주의자들의 입장에서도 전통적 구성주의자(conventional constructivists)와 비판적 구성주의자(critical constructivists)로 구별된다. 전자는 주로 규범이 갖는 구조적 권력에 초점을 맞추고 있으면서, 기존의 규범에 대한 국가들의 반응(reaction)에 주목한다. 반면 후자는 특별한 목적을 염두에 두는 규범이 만들어지는 과정에서 주목하면서, 특히 규범을 만드는 국가들 사이의 관계(relations)에 초점을 맞춘다. 이와 관련된 자세한 내용은 Wiener, op.cit., pp.179~180을 참조하라.

22) 단일학파로서 영국학파가 갖는 국제규범에 대한 접근도 주목할 만하다. "규범 또한 영국학파의 이론적 기초로 작동한다. 그로티우스적 접근에 따르면 규범은 독립적인 역할을 하며, 국제사회의 뼈

2. 젠더 주류화의 개념과 그 배경

양성평등 정책 자체는 남성의 지위에 비해서 불평등의 입장에 있는 여성들의 지위 향상과 권리 증진에 집중하는 정책이다. 그러나 젠더 주류화는 이 범위를 넘어서는 야심을 가지고 있다고 월비(Walby)는 지적한다. "젠더 주류화는 양성평등 정책을 넘어서는, 양성평등실제와 관련된 모든 영역에 주목하는 야심을 가지고 있다. 이에 따라서 젠더 주류화의 진보는 양성평등행위를 확대하는 의미를 지니고 있다."[23]

사실상 젠더 주류화는 상당히 복합적인 내용으로 이루어진다. 간단하게 젠더 주류화는 "(양성평등을 실현하기 위한) 체계적인 절차와 메커니즘을 향한 도약을 의미하며, 젠더 이슈를 정부와 공공기관의 모든 의사결정과 정책실행에 고려하여야 하는 것"[24]으로 정의될 수 있다. 또한 젠더 주류화는 "공공정책의 구조, 과정, 환경에 성인지적 실천과 규범을 내재화함(embedding)으로써 평등을 제도화하고자 하는 것"[25]이라 할 수 있다. 하지만 보다 종합적으로 젠더 주류화는 다음과 같이 고려된다.

첫째, 여성의 주류화(Mainstreaming of Women)로서 사회 전역에 걸

대 안에서 국제관계를 이해하는 데 가장 중요한 정점이 된다. 또한 규범은 실제 국제사회의 행동규범일 뿐만 아니라 아울러 국제사회의 기초가 된다. 국가 혹은 국가를 대리하는 정치가나 외교관들은 자신의 행위를 결정하는 실제로 국제사회에서의 원칙이나 근본에 대하여 인지해야 하는데, 이와 같은 행위결정은 윤리적 원칙의 타당성에서 판단된다", 황영주, "실증주의와 후기 실증주의의 중도(Via media)?: 영국학파 다시보기", 『국제정치연구』 제12집 2호(2009), p.35.

23) Walby, op.cit., p.456.
24) 조우철, "여성정책의 영역에 관한 연구", 한국행정학회 하계학술발표대회 발표 논문(2002), p.771.
25) 마경희, 앞의 논문, p.46.

처 여성도 남성과 동등하게 참여하고 의사결정권을 갖는 것이며 둘째, 젠더 관점의 주류화(Mainstreaming of Gender)로서 정책이나 프로그램이 남성과 여성에게 어떻게 차별적인 영향을 미치는지 검토하며 셋째, 주류의 전환(Transformation of Mainstreaming) 방안으로서 극소수 여성만이 상징적으로 정책결정과정에 참여하는 것이 아니라 여성이 남성과 동등하게 정책결정과정 전반에 참여하고 그 결과로서 여성이 주변이 아닌 주류로 전환되는 것을 의미한다.26)

젠더 주류화를 이해하기 위해서는 이전의 여성 정책에 대한 전반적인 이해를 필요로 한다. 실제로 트루(True)가 지적한 바, "반차별법과 정책 등은 남성과 여성의 평등에 대한 제도적 장애물을 제거하려고 하는 반면에, 젠더 주류화는 젠더의 상이성이 정책과정이나 결과물에 직접적으로 영향을 미치도록 인지하는 것에서 시작하는 것이다."27) 이 개념의 출발은 이른바 "발전에 있어서 여성(Women in Development; WID)"의 전략에서 비롯되었다. 1975년 세계여성의 해를 선포하면서 제안된 이 정책전략은 경제개발에 있어 여성이 갖는 역할에 대하여 주목한다. 이른바 경제개발에 있어 여성 갖는 역할 즉 출산, 생산적 역할 및 지역사회에 대한 역할에 집중하며, 여성에게 경제적 · 자율권 부여를 통해서 남성과의 여러 격차를 줄인다는 전략이었다. 반면, "젠더와 발전(Gender and Development; GAD)"이라는 전략은 1980년대 후반에 등장한 개념인데, 여성의 문제를 여성에서 젠더관계(gender-relations)로 본다는 것을 의미한다. "GAD 접근은 여성뿐만 아니라 남성과 여성의 상

---

26) 박재규, "한국사회의 성별영향평가 추진 현황과 과제", 미발표연구보고서(2006), p.13.

27) Jacqui True, "Mainstreaming Gender in Global Public Policy", *International Feminist Journal of Politics* 5(3) (2003), p.369.

대적 지위에 관심을 두고 사회조직이나 현상에 대한 분석에서 젠더관계의 역동성과 구조를 중시…"[28])하기 시작한 것이다. 트루는 WID와 GAD를 다음과 같이 비교한다. "페미니즘 학자들은 WID의 통합전략이 기존에 존재하는 기구나 정책 뼈대의 변화 없이 여성을 포함하려는 것에 초점을 맞추는 반면에, GAD 패러다임은 남녀 간의 부정의(unjustice)와 불평등을 만들어내는 보다 광범위한 사회 및 제도적 맥락의 변화를 보는 젠더관점과 연관된다고 설명한다."[29]

3. 국제규범으로서 젠더 주류화에 대한 분석

젠더 주류화 논의가 출발부터 초국가적 단위라는 지적은 옳다. "젠더 주류화는 상당히 복잡한 질문들을 포함하고 있다. 즉, 젠더 주류화는 전 지구, 지역 및 국가차원의 거버넌스의 산물이기 때문이다. 보다 전통적인 형태의 정치와 정책과는 달리, 젠더 주류화는 국가단위의 프레임에 일차적으로 한정되는 것이 아니라, 오히려 그 출발에서부터가 초국가적이라고 할 것이다."[30] 이러한 사정을 감안하여 국제규범으로서 젠더 주류화에 대한 논의는 독립적인 국제규범의 형성과 확산으로 이해해야만 한다. 클로츠(Klotz)의 주장에 따라 국제규범은 종속변수 내지는 매개변수의 역할보다는 오히려 독립변수로 파악해야 한다. "해석주의적 관점에 입각하여 국제규범을 체제수준에서 단순히 매개변수 내지는 종속변수로 보기보

---

28) 조우철, 앞의 논문, p.770.

29) True, op.cit., p.370.

30) Walby, op.cit., p.454.

다는 독립변수로 분석해야만 한다."[31]

특히 국제규범은 국가를 포함한 국제사회의 상호이해의 매개체이다. "국제규범은 새로운 권리와 책임을 만들어내는 가치로 표현된다. 동시에 국제규범은 지식의 공유와 상호주관적인 이해를 구성하는 사회적 구조가 되기도 한다."[32] 구성주의 접근에서 국제규범은 단순히 "윤리적 대안 또는 국가의 이익으로 제안되기보다는 오히려 사회구성주의적 역할을 한다고 보고 있다.… 주로 국제규범의 인과관계 효과는 사회화, 학습 및 선전으로 귀속된다"[33]는 지적이 나오고 있다. 피네모어(Finnemore)의 지적대로 행위자는 "새로운 규범, 가치 및 이해에 대한 인식을 받아들이면서 사회화되는 것이다."[34] 다른 말로 하자면 국제규범을 통해서 국가의 행동이 결정되는 것이라면, 그러한 행동은 이미 주어진 것을 그대로 수용하는 것이 아니라, 규범의 수용을 통해서 새롭게 인지되고 만들어지는 것이다.

냉전체제 이후 등장한 각종 국제기구, 비정부 기구 및 초국가적 네트워크들은 국제규범에 있어 국가에 대하여 많은 영향력을 행사하는 것으로 나타났다. 특히 트루와 민트롬(True and Mintrom)에 따르면 젠더 주류화는 성평등(gender-equality)을 위한 국제적 네트워크를 가진 비국가 행위자들의 노력에 의해서 국제규범화 되었

---

31) Klotz, op.cit., p.15.

32) Björkdahl, op.cit., p.12

33) Ibid., p.12.

34) Martha Finnemore, *National Interest in International Society*(Ithaca: Cornell University, 1996), p.5; Ole Elgstrom, "Norm Neociations: The Construction of New Norms regarding Gender and Development in EU Foreign aid Policy", *Journal of European Public Policy* 7(3) (2000), p.459에서 재인용.

다. 이때 국제적 네트워크라 함은 주로 국제비정부간 여성 조직, 페미니즘 단체, 그리고 유엔 등을 뜻하며, 이러한 비국가 행위자들은 국가행위자들보다 젠더 문제에 더욱 민감하여 젠더 주류화를 전 지구화 시키는 데 핵심적인 노력을 했다는 것이다.[35] 엘그스트 톰(Elgstrom)의 주장대로 "최근의 연구들은 상이한 종류의 행위자들이 국가의 이익이나 국가의 규범이나 행위에 있어 주요한 변화를 만들어 내는 '도적적 영향(moral influence)'에 강하게 주목하기 시작했다."[36]

이 연구에서는 젠더 주류화를 독립적으로 다루어야 하는 국제규범으로 보고, 그와 같은 국제규범을 수용하여 사회화되는 국가의 모습에 주목하면서, 동시에 어떤 방식으로 비국가행위자가 젠더 주류화를 국제규범으로 확산시켜 나갔는지에 대하여 살펴보고자 한다.

Ⅲ. 국제규범으로서의 젠더 주류화

1. 규범 담론의 확산과 제도화: 젠더 주류화의 현황

와이너(Wiener)에 따르면 젠더 주류화는 조직 원리에 해당되는 국제규범이다.[37] 이때 조직 원리(organising principles)는 주로 정책

---

35) Jacqui True and Michael Mintrom, "Transnational Networks and Policy Diffusion: The Case of Gender mainstreaming", *International Studies Quarterly* 45(2001), p.27.

36) Elgstrom, op.cit., p.459.

37) 그에 따르면 국제규범은 근본적 규범, 조직적 원리 및 표준화된 절차 등으로 크게 세 가지로 구분

과정 내지는 정치과정과 관련된 국제규범의 기본적 원칙으로 간주된다. 즉, "정치 및 정책결정을 통해서 발전되었으며, 책임성, 투명성, 젠더 주류화, 평화유지 및 평화실행 등을 그 예로 삼을 수 있다."38) 사실상 젠더 주류화는 여성과 관련된 정책의 구체적인 실천 과정으로 이해되어 왔다. 젠더 주류화 개념은 여성정책과정의 다양한 경험을 안고 있는 개념이라 할 수 있다. 젠더 주류화는 이전의 WID와 GAD의 경험을 통해서 보다 통합적으로 여성 정책의 패러다임을 고려한 산물이다. 베이징 여성회의에서는 젠더 주류화를 "체계적인 절차와 메커니즘을 향한 도약을 의미하며 젠더이슈를 정부와 공공기관의 모든 의사결정과 정책실행에 고려하여야 하는 것"39)으로 정의하고 있다. 현실에서 볼 때 젠더 주류화는 또한 정책 과정 내지는 정치 과정으로 이해되는 경우도 많다. 예를 들어 롬바르도와 메이어(Lombard and Meier)가 지적한 바, 젠더주류화는 정책결정과정 및 정치적 결정과정으로 귀결되는 것이 현실이다.40)

이 가능하다. 첫째, 근본 규범(fundamental norms)은 말 그대로 보다 근본적인 핵심적인 입헌주의와 관련한 규범이라 할 수 있다. "근대 입헌주의와 연관되는, 또한 국제정치이론에 공통적으로 적용되는 기본적인 절차적인 규범이다. 시민권, 인권, 법에 의한 통치, 민주주의, 주권, 불개입, 고문 방지 등이 대표적인 것들이다." 둘째, 조직 원리(organising principles)는 정책의 과정 내지는 정치적 과정과 관련되는 규범이라 할 수 있다. 셋째, 표준화된 절차(standarised procedures)는 주로 법률 및 규칙성과 관련된 규범이다. "이와 같은 종류의 규범은 주로 도덕적, 윤리적 배경에 있어 (다른 형태의 규범과) 논쟁적이다.… 이와 같은 규범은 선거의 규칙, 의회의 절차 등이 대표적이다." Wiener, op.cit., pp.183~185.

38) Ibid., p.184.

39) 조우철, 앞의 논문, p.771.

40) 롬바르도와 메이어(Emanuela Lombardo and Petra Meier)는 젠더 주류화 전략의 실제화(gender main streaming has been put into practice)를 다음과 같이 5가지의 영역으로 정리하고 있다. 첫째, 젠더 주류화는 정책결정과정(policy making) 개념으로 사용된다. 둘째, 젠더 주류화 개념은 주요 정치적 의제(political agenda)에 젠더 관점을 포함시킬 때 사용되기도 한다. 셋째, 젠더 주류화 개념은 또한 여성의 의지가 주류가 되거나, 또는 최소한 숫자에서 주류가 될 수 있도록 하는 동등한 정치적 대표성(equal political representation)으로 표현되기도 한다. 넷째, 젠더 주류화는 또한 정책결정과정의 제도와 조직문화에 관심을 가지면서, 정책과정, 메커니즘 및 행위자의 변화에 필요성을 제기한다. 마지막으로 젠더 주류화는 "바꾸어 놓기(displacement)"와 "힘 갖추기(empowerment)"가 필요하다는 관

이러한 차원에서 젠더 주류화의 구체적인 표현은 각종 적극적 조치를 포함하는 젠더 평등(gender equality)과 젠더 예산 등을 포함하는 젠더 분석(gender analysis) 등으로 구별할 수 있다.[41]

국제규범과 그 기능 분석에 있어 담론과 제도화(discourse and institutions)를 강조하는 경우가 많다.[42] 이는 국제규범의 현실화라는 측면에서 보면 새로운 담론과 그와 같은 담론의 공유를 통해서 국내외에서 새로운 제도를 만들어낼 수 있다는 점에 주목하는 것이다. 즉, 규범의 새로운 창출과 요구는 구체적인 제도로 나타날 가능성이 높은데, 그와 같은 제도를 창출하기 위해서는 제도 창출과 관련된 규범을 둘러싼 풍부한 담론이 생산되고, 이는 규범의 확산으로 연결된다. 특히 "규범은 이해를 위한 길잡이로서 행위자들이 해석하는 세상에 대한 정의와 형성에 결정적인 역할을 하게 된다."[43] 이에 따라서 젠더 주류화와 관련하여 담론의 공유와 제도화에 대하여 분석할 필요성이 제기된다.

실제로 국제규범에 있어 담론은 상당히 중요한 측면을 안고 있다. 왜 특정의 국제규범이 필요한가에 대한 당위성의 담론을 생성, 확장시키는 것이 제도와 규범을 수용하는 데 용이하게 만들기 때

섬을 제공한다. Emanuela Lombardo and Petra Meier, "Gender Mainstreaming In the EU", *European Journal of Women's Studies* 13(2) (2006), pp.153~154.

41) UNDP, *Gender Mainstreaming in Practice: A toolkit*(2007) 3rd edition. 젠더 평등은 남녀 사이에 있어 단순한 불평등의 시정뿐만 아니라, 권리, 기회, 가치, 상황 및 결과 그리고 기관 등에 있어서 동등한 대우를 의미한다. 반면에 젠더 분석은 여성과 남성간의 역할, 활동, 요구 및 가능한 기회에 어떻게 다른지에 대하여 특별히 주목하는 것을 의미한다. 한편 마경희의 경우에는 젠더 주류화가 구체적인 정책 과정으로 축소되고 있다고 보고 있다. 즉, "결국 성 주류화가 추상적 개념화 수준에서의 혼란뿐만 아니라 GAD 접근의 아이디어와 점차로 멀어져 성별영향평가, 성인지통계, 성인지예산과 같은 도구와 절차로 축소되어 확산되어 왔음을 의미한다." 마경희, 앞의 논문, p.48.

42) Klotz, op.cit., p.32. 클로츠의 경우에는 국제규범의 기능을 주로 공동체를 통한 정체성의 보장, 대화를 통한 평판의 유지 및 담론 공유를 통한 제도화라는 측면에서 분석하고 있다.

43) Ibid. p.32.

문이다. 젠더 주류화도 역시 이와 같은 담론의 중요성에 대하여 주목한다. 트루의 경우에는 "젠더 관점의 경우… 페미니즘 학자와 활동가에 의해서 제기되는 설득적 언어와 개념적 뼈대에 의존하고 있다"[44]고 강조한다. 특히 트루는 젠더 주류화 담론의 확산에 대하여 다음과 같이 설명하고 있다.

"여성이 없는 민주주의는 민주주의가 아니다", "여성의 권리는 인권이며, 인권은 여성의 권리이다", '성추행', '여성에 대한 폭력'과 같은 영향력이 있는 구호에서 볼 수 있듯이, 우리를 둘러싸고 있는 세상에 대하여 우리가 보고 생각하는 방법을 변화시킴으로써 현실을 변화시킬 수 있다. 인간들은, 시간이 흘러감에 따라, 이와 같은 구호를 당연시여기며 또한 일상화시키며, 심지어 의례적인 것으로 여기게 된다… 그러나 실제 관행에서 변화를 반영하기도 하는데, 이는 단어 자체가 실제 규범으로 수용됨에 따라 변화된 것이다.[45]

사실상 제2차 페미니즘 운동 이후에 발생한 여러 가지 구호 또는 의미는 구체적인 법 또는 정책으로 변화하는 경우가 많다는 평가를 얻고 있다. 무엇보다도 각종 여성회의를 통해서 젠더 불평등과 관련된 내용은 반복되어서 공포되면서 더욱 제도화되며, 더욱 국제화되며, 더욱 설득적으로 변화해 갔다. 베이징 여성회의에서 선택된 선언문 및 행동강령 등은 단순히 베이징 여성회의에서 상징적 선택으로 끝나는 것이 아니라, 지역적으로 사회적으로 그 의미를 확장시켜 나갔다.[46]

---

44) Ture, op.cit., p.374.

45) Ibid., p.374.

46) Elisabeth Friedman, "Gendering the Agenda; Women's Transnational Organizing at UN World Conferences of 1990s", Paper presented at the 41st Annual Convention of the International Studies Association, Los Angeles; True, op.cit., p.375에서 재인용.

다른 한편으로 규범을 통해서 만들어진 제도는 실제 규범 작동을 둘러싼 중요한 장으로 기능한다. 따라서 국제규범의 확산에 있어서 가장 분명하면서도 뚜렷하게 드러나는 것 중에 하나가 제도의 창출이라 할 것이다. 여성 관련 국제기관의 창설과 관련한 개별 국가의 수용 과정은 이와 같은 과정들을 잘 보여준다. 1975년 멕시코에서 있었던 세계여성의 해 선언에 의해서 양성평등 진작 및 여성 지위 향상을 위하여 모든 국가는 여성 관련 국가기관을 창설하도록 권고를 받게 된다. 즉, 세계여성의 해 선언문에 의해서 여성 관련 "국가기관(national machinery)"이 전 세계적으로 권고되면서 곧 확산하게 된다. 트루와 민트롬이 지적한 바 "20년도 지나지 않아 상설 양성평등기관들이 전 세계적으로 대부분의 국가에 의해서 수용되었다."47) 특히 1995년 베이징 여성회의 이후에는 이들 국가기관들이 젠더 주류화와 관련되는 정책과정에서 주요한 역할을 담당하도록 강화시키도록 권고받게 된다. 또한 1998년에는 유엔여성향상국(the United Nation Division for the Advancement of Women)의 양성평등국가기관전문가그룹에서도 1998년에 양성평등과 관련된 관료기구를 대통령 또는 수상의 직접적인 책임아래 두도록 하며 중앙집권화된 계획 또는 정책의 협조기능을 강화하도록 권고하였다. 이와 같은 권고는 (여성문제를 다루는 부서가) 정부 내에서 높은 수준에 위치할 때 여성 문제에 대한 상당한 수준의 협조와 자원의 접근을 용이하게 만든다는 판단에서 비롯되었다. 이런 권고를 받아들여 개별 국가들은 자신의 형편에 받는 여성 관련 국가기관

---

47) True and Mintrom, op.cit., p.30.

을 창설한다. 상위 수준의 국가기관(high-level national machinery)은 대개 대통령 또는 수상 직할 아래 위원회 내지는 독립부서로 창설되는 반면에, 하위 수준의 국가기관(low-level national machinery)은 대개 노동, 사회복지 관련 부서 내부에서 활동하도록 되어 있었다.[48] 요컨대, 여성 관련 국가기관의 창설을 각 국가가 수용하는 것은 국제규범의 확산에 있어서 국가의 역할을 보여줌과 동시에 국가규범에 개별 국가를 민감하다는 점을 보여주는 대표적인 사례가 된다. 다른 말로 표현하면, "…이것은 정부 내에 젠더에 민감한 정책구조의 범세계적 창설을 통해서 국가체제의 규범적 변형(normative transformation)의 증거를 보여주는 좋은 예라 할 것이다."[49]

2. 여성조직의 초국가적 네트워크와 "도덕적 영향(moral influence)": 젠더 주류화의 기원

젠더 주류화의 중심 동력은 실제로 여성 관련 조직의 초국가적 네트워크라는 것이 정설이다. "국가적 역동성이나 제도 그리고 국

---

48) 트루와 민트롬에 따르면 1975년에서 98년까지 하위수준, 상위수준의 국가기관을 수용한 국가의 숫자는 각각 68개, 64개로 나타났다. 보다 자세한 내용은 Ibid., p.32를 참조하라.

표1. 여성 관련 국가기관 수용 국가(1975~1998)

기간	하위수준 국가기관 수용 국가	상위수준 국가기관 수용 국가
1975~79	11	6
1980~84	8	4
1985~89	11	5
1990~94	18	28
1995~98	20	21
총계	68	64

Ibid., p.32에서 재구성

49) Ibid., p.30.

제적 또는 정부 간의 압력보다는 여성조직의 초국가적 네트워크 (the transnational networking of Women's organizations)가 젠더 주류화 기구의 창설에 대한 정치적 동력과 사회적 압력을 행사하였다"[50]는 것이다.

여성 조직의 초국가적 네트워크의 활동을 살펴보기 위해서는 여성조직의 특수성에 대하여 이해할 필요가 있다.[51] 맥키(Mackie)의 관찰대로 "여성운동은 그 초기부터 다른 국가와의 여성적 연대를 바탕으로 발전해 왔다."[52] 이러한 성격의 여성 국제 연대는 지금까지도 유효하며, 앞으로도 더욱 강화될 가능성 높다. "여성들의 국제적 연대는 20세기뿐만 아니라, 21세기에도 계속되고 있다. 물론 이러한 연대를 논의할 때 사용되는 언어는 변화되었다. 예를 들어 국제(international)에서 전 지구(global) 또는 초국가(transnational)로 바뀐 것이다."[53] 그렇다면 초국가적 네트워크 또는 연대가 왜 여성 운동 내지는 조직의 특징으로 나타나는가? 맥키는 초국가적 연대의 필요성을 여성들의 경험의 닮음(similarity)[54]과 상호중첩성 (multiple imbrications)[55]에서 나타난다고 보고 있다. 이와 같이 여

---

50) True, op.cit., p.372.

51) 여기에서는 다루는 주요 내용은 황영주, "지역여성국제교류: 여성연대성의 실현",『세계지역연구논총』24(1) (2006), pp.329~330에 근거하고 있다.

52) Vera Mackie, "The Language of Globalization, Transnationality and Feminism", *International Journal of Politics* 3(2) (2001), p.180. 즉, 여성 참정권 운동은 국제적 연대를 기반으로 시작되었고, YWCA와 같은 여성종교운동이 전 세계에 걸친 여성적 연대를 만들어냈고, 국제연맹과 같은 국제기구 형성에 여성의 국제적 연대가 일정한 영향력을 행사했다는 것이다.

53) Ibid., p.180.

54) 여성들은 국경선과 관계없이 상당히 유사한 삶의 방식을 영위하고 있다는 것이다. 즉, "여성들은 국경선을 가로지르는 연대를 만들어내는데 그것은 자신의 상황이 타국 여성의 그것과 닮아 있다는 느낌을 가지고 있기 때문이다", Ibid., p.194. 이때 닮음이라는 것은 국적, 민족, 종족을 기반으로 하는 것이 아니라, 여성의 사회적 위치에서 노정되는 공통의 경험을 바탕으로 한다.

55) 여성들은 자신의 삶들이 서로 간에 상호 중첩되어 있고, 자신의 가진 특권과 더 나은 소유는 결국

성들은 젠더 주류화와 관련하여 국경선의 의미를 감소시키면서 여성들의 연대를 만들어내려 한다. 특히 주목할 점은 "일부 페미니즘 운동가들은 스스로가 자신들이 공통된 가치 및 투쟁 경험에 기초하는 (일종의) 공동체에 속해 있다고 여긴다"[56]는 점이다. 따라서 초국가적 여성 연대 및 활동은 다른 사회운동과 차별성을 가진다 할 것이다.

여성 조직의 초국가적 네트워크는 주로 젠더 주류화와 관련하여 국제적 이슈 및 요구를 국내 정부에 요구하거나, 특정 국가에 있는 높은 수준의 젠더 주류화를 국제적으로 알리고 확장시키는 역할을 하였다. 예를 들어 여러 차례에 걸쳐서 개최된 유엔 주최 여성회의[57]에서는 역대 유엔 관련 회의에서 가장 많은 참가자들이 회의에 참가한 것으로 알려졌다. 각종 여성 관련 조직의 확장과 관련하여 "세계 각국에서 수만 명의 여성들이 회의에 참가한 바 있다."[58] 즉, 수많은 여성들이 여성에 관한 회의에 적극적으로 참석하면서, 자신들의 세력을 과시하였다. 이러한 여성세력화는 수적인 면에서는 그친 것이 아니라, 실행에서의 많은 노력들로 나타난 바 있다. 여성운동단체들은 서로 간의 협의를 통해서 여성들이 갖는 가장 중요시 여기는 문제를 회의의 주제로 설정하고, 일정한 정도 행동계획을 마련한 다음 이를 다시 국가적, 지역적 차원에서 구체적인

타 국가와 타민족 여성들이 가질 수 있는 권리에 대한 박탈과 덜 소유하는 조건에서 출발한다는 점을 인지한다는 것이다. "여성들이 닮음을 통해서 연대하지 않는다면, 불평등 구조 속에서 '상호 중첩성'을 인지하는 것에서 출발하는 경우가 많다. 누군가 특권을 누리는 것은 다른 누군가를 억압하고, 제지하고, 착취하는 것을 통해서 가능한 것이다", Ibid., p.105.

56) Ibid., p.183.

57) 유엔 여성회의는 각각 멕시코시티(1975), 코펜하겐(1980), 나이로비(1985) 및 베이징(1995) 등에서 개최되었다.

58) True, op.cit., p.377.

행동 방침 등을 정하는 방식으로 활동하였다. 번치(Bunch)가 주장한 바와 같이 "여성에 대한 폭력근절과 같은 여성 노력의 성공의 여부는 지역적·국가적 행위와 함께 베이징 여성회의에 대한 전지구적 관심 그리고 정부에 대한 압력에 달려 있다고 할 것이다. 이를 통해서 여성들이 자신의 국가로 돌아갔을 때 사용할 수 있는 추동력을 만들어 낼 수 있었다"[59]는 것이다.

한편, 여성 조직의 초국가적 네트워크뿐만 아니라, 특정 국가에서 이미 실행되고 있는 사회적 실제와 모범적 국내규범 또한 젠더 주류화의 세계적 확장에 큰 기여를 하고 있다는 평가를 받고 있다. 실상, 사회적 실제(social practices)는 새로운 규범 창출에 중요한 역할을 한다. 국제규범의 대부분은 국가들 사이의 공동 실체에서 창출될 가능성이 높다. 특히 사회적 실제는 새로운 규범의 창출과 아울러 이미 존재하는 규범에 힘을 보태거나, 그것을 변화시키는 데도 중요한 역할을 한다. 따라서 "사회적 실제는 단순히 규범의 기원일 뿐만 아니라, 규범의 진화에 있어 중요한 원동력으로 작동한다."[60] 국내규범(domestic norms)또한 국제규범의 중요한 연원이다. 특정국가의 규범이 타 국가에 의해서 수용이 된다면 그것은 국제규범으로 기능한다. "특정 국내규범은 다른 국가에 의해서 적절한 행동으로 여겨지는 사회화 과정을 통해서 성공적으로 세계화되고, 규범화 된다"[61]는 것이다. 젠더 주류화 또한 유사한 맥락으로

---

59) Charlotte Bunch, "On Globalizing Gender Justice: Women of the World Unite. *The Nation*(September 1) (1995); True and Mintrom, op.cit., p.38에서 재인용.

60) Björkdahl, op.cit., p.16.

61) Ibid., p.18. 물론 여기에서 주목해야 할 점은 일반적으로 수용되는 다른 국가의 국내적 규범은 국제규범으로 작동하며, 이때 이를 수용하는 국가는 국제규범을 다시 국내규범화시키는 과정으로 봐야 한다는 점이다.

해석 가능하다.62) 특정국가의 사회적 실제와 국내규범은 점차적으로 국제규범으로 전환되면서, 젠더 주류화에 많은 영향을 미치고 있는 것이 사실이다.

호주는 젠더 주류화의 전 세계적 실제화에 중요한 역할을 담당하였다. 호주는 여성운동이 국가를 움직여 친여성적 정책을 달성하고 동시에 페미니즘적 서비스를 제공하는 대표적인 국가 중의 하나로 여겨진다.63) 즉, 1970년대 이후 일부 여성운동 그룹은 여성해방 운동에 있어 국가의 잠재력에 주목하고 국가를 여성의 불평등을 해결하기 위한 기회의 장으로 인식하였다. 이에 따라서 페미니즘 운동가들은 이른바 여성지위국(Office for Women)에 정부 관료로 참여하게 되고, 이를 계기로 페모크라트(femocrat)로 성장하게 되었다. 페모크라트는 국제사회의 여성정책기구 확산 및 젠더 주류화에 관련하여 일정한 규범을 창출시켰다는 평판을 얻고 있다. 트루가 지적한 바와 같이, "호주와 캐나다에서 이들 "페모크라트"는 정책형성, 논쟁에 있어 용어의 변경 및 행정부 내의 시각으로부터 벗어나서 여성의 이해, 문제 및 관점에 대한 정당성을 부여하는 데 핵심적 역할을 하였다."64) 호주의 대표적인 페모크라트인 제시 스트리트(Jessie Street)의 경우에는 여성에 대한 차별철폐에 관한

---

62) 또한 브죠르달(Björkdahl)은 수요와 공급(demand and supply)으로 규범의 창출에 대하여 설명한다. 국제규범은 일정한 정도 행위자의 필요성에 의해서 창출될 가능성이 크다. 다시 말하면, 특정 문제의 해결 또는 거래 비용을 낮추기 위한 시도로 행위자들은 (현존하는 국제사회의 맥락에 맞는) 새로운 규범을 요구해 낸다는 것이다. 특히 규범은 또한 새로운 아이디어의 공급에서 행위자의 선택을 받을 수도 있다. 이때 아이디어는 특정그룹의 이해관계에서 유래될 수도 있고, 또는 지식인들의 연구에 의해서 제기될 수도 있다. Ibid., pp.15~16.

63) Marian Sawer, "Australia: the Fall of the Femocrat", in Joyce Outshoorn and Johanna Kantola(eds.), *Changing State Feminism*(Hampshire: Palgrave, 2007), p.20.

64) True, op.cit., p.382.

협약(CEDAW)이 탄생하는 데 결정적인 역할을 했다. 한편, EU 본부의 페모크라트들도 EU의 대외개발정책에 젠더 주류화 개념을 포함시키고 실행하는데 주요 역할을 하였다.[65] 페모크라트의 성장과 확산이외에도 호주에서 시작되었던 "여성예산(women's budget)"은 어떻게 특정 국가의 젠더 주류화 정책이 국제규범으로 전 세계화 되는지를 보여주는 좋은 예가 된다. 호주의 여성 지위청(the Australian Office for the Status of Women)은 정부예산과 그것의 사용이 어떻게 남녀에게 다르게 영향을 미치는 가에 대한 검토를 하는 이른바 "여성예산"을 여성과 남성 간의 젠더 형평성을 확보하려 하였다. 이 여성예산은 곧 국제적인 여성 관련 단체의 젠더정책 기획가(gender policy entrepreneurs)들에 의해서 젠더 주류화의 대표 사업으로 선정되어, 다른 국가로 확산된다. "분석과 결과적으로 진행되는 예산 개혁(gender budgeting)은 성주류화의 핵심적 부분이다.… 모든 EU회원국은 2015년까지 모든 범위 및 수준의 공공 부문 예산책정에 성인지 예산 원칙을 도입하기로 결정했다."[66] 이미 많은 국가들이 여성예산을 수용하였으며, 심지어는 NGO에서도 이 예산 개념을 활용하고 있다.[67]

---

65) Elgstrom, op.cit., p.473.

66) Gudrun Biffl, "성주류화를 통한 유엔 내 여성 고용촉진", 『국제노동브리프』 6(6) (2008), pp.7~8.

67) True, op.cit., pp.379~380.

3. 동료를 의식하는 국가의 사회화(the sociolalisation of state): 젠더 주류화의 확산

피네모어(Finnemore)[68]에 따르면 국가는 국가 스스로 국제사회에서 적절한 국가행동에 대한 처방을 수용함으로써 국제사회에 적합한 행위자로 사회화된다. 실제로 트루와 민트롬도 국제규범으로서 젠더주류화를 국가의 사회화로 설명하고 있다.[69]

"여성에 대한 모든 형태의 차별철폐에 관한 협약(Convention on the Elimination of all forms of discrimination against Women: CEDAW)"은 국제사회의 규범을 수용하는 국가 사회화의 보기 중의 하나이다. 여성에 대한 모든 차별을 금지하고, 동시에 여성의 포괄적 권리를 보장하기 위한 이 조약은 1979년 UN에서 채택되어 1981년에 발효되었다. 지금은 약 190여 개 국가가 이 조약에 참가하거나 비준한 상태이다. 트루와 민트롬이 지적한 바와 같이 젠더 주류화에 있어 국가의 국제사회화는, 국가가 CEDAW에 가입하거나 비준할 때나 다른 국가의 가장 좋은 실제나 모법을 관찰함에 따라서 국가성의 새로운 도덕성을 학습하고 실행할 때, 나타난다.[70] 달리 표현하여 여성차별협약에 가입하거나 비준한 국가들은 더욱더 젠더 주류화의 수용에 적극적 태도를 가진다는 것이다. CEDAW는 모든 국가들로 하여금 여성의 동등한 권리 보장을 위해서 최소한의 기준을 마련하고 그에 따르도록 하며, 동시에 이러한 목표를 달성하기 위

---

68) Finnemore., op.cit; Elgstrom, op.cit., p.473에서 재인용.

69) True and Mintrom, op.cit., pp.40~42.

70) True and Mintrom, op.cit., p.40.

한 입법, 행정, 사법에서의 노력과 수단에 대하여 매년 보고서를 제출하도록 한다. 이 협약은 여성운동에서 고민하고 협의하고 요구된 최소한 기준들을 국제규범으로 수용하도록 한 결과물이다. 이와 같은 과정을 통해서 국가는 젠더와 관련한 각종 국제규범에 더욱 민감하게 된다. 또한 CEDAW를 비준하고 실행하기 위해서는 이른바 "국가기관"의 설립을 전제로 하고 있고, 이는 젠더 주류화 정책을 실시할 수 있는 기반을 조성하는 것이었다. 이상의 과정들을 일부 국제규범 연구자들은 이른바 "구성성"으로 설명하고 있다.[71] 구성성(constituing)은 "규범이 직접적으로 집단 정체성과 연관되며, 동시에 자신의 이익과 직접적으로 관련되는 것으로 여겨진다."[72] 말하자면 규범은 행위에 대하여 의미를 부여하지만, 동시에 규범은 특정 행위를 인정해 주게 되며, 해당 공동체 내지는 사회에 속해있는 정체성 내지는 규칙 등을 이해하면서 학습하고, 이는 또한 행동을 규율하게 된다.

스트랭과 메이어(Strang and Mayer)는 각국의 젠더 주류화 정책 수용에 대하여 두 가지 점을 시사하고 있다.[73] 한편으로 젠더 주류화의 국내관행이 국제규범과 유사한 국가들이 젠더 주류화 기관 설립에 적극적일 것이며, 다른 한편으로 자신의 국제적 명성을 상승시키려는 제3세계 국가들 또한 젠더 주류화 기관 설립에 우호적일 것이라는 판단이다. 특히 왜 제 3세계 국가가 젠더 규범을 적극적으로 수용하는가에 대한 해답은 상당히 주목할 만하다. 엘그스

---

71) Björkdahl, op.cit., p.16.

72) Ibid., p.16.

73) D. Strang and J. Meyer, "International Condition for Diffusion", *Theory and Society* 22(1993), pp.503~504; True and Mintrom, op.cit., p.41에서 재인용.

토롬(Elgstrom)이 지적한 바와 같이 국가는 젠더 주류화 정책을 일종의 국제규범으로 인식하고, 무형으로 인식되는 국가 이익의 하나로서 이와 같은 정책을 점차적으로 수용한다.[74] 달리 표현하여, 국가는 새롭게 등장하는 국제사회의 도덕적·이상적 규범으로서 젠더 주류화에 민감한 반응을 보인다는 것이다. 예를 들어 한국의 경우에도 유엔여성차별철폐협약 이행심의에서 젠더 주류화 정책으로서 성별영향평가(gender impact assessment)[75]를 대표적인 성공사례로 선전한다.[76] 이때 한국 정부는 국제규범의 성공적인 수용을 강조하고 있는 것이다.[77] 국제규범으로서 젠더 주류화 정책 수용은 여성지위 향상은 물론 국제적 평판에 민감한 국가의 국제적 인식(international recognition)과 직접 연관이 있다. 이와 관련하여 칸디요티(Kandiyoti)는 재미있는 지적을 하고 있다. 일부 개발도상국에서 여성 권익을 위해서 취해지는 각종 입법 내지는 조치들이 여성의 권익신장 자체보다는 오히려 해당 국가의 국제적 위상에 더 많은 관심을 가지는 것에서 기인한다는 지적이다. "기존 젠더 관계의 진정한 변화보다는 새로운 국가의 역동성을 보장하는 상징

---

74) Elgstrom, op.cit., pp.459~460.

75) "성별영향평가는 정책과정에서 여성과 남성의 특성과 사회, 경제적 격차 등의 요인들을 분석·평가함으로써 양성평등한 정책이 개발·집행되도록 하는 도구"이며(여성부 2009 성별영향평가지침), 성별영향 자체는 젠더 주류화의 대표적인 정책이라 할 것이다. 보다 자세한 내용은 황영주, 앞의 논문을 참조하라.

76) Ibid., p.339. 즉, 2007년 7월 유엔본부에서 있었던 "여성차별철폐협약 이행심의"에서 당시 장하진 여성가족부 장관은 여성차별철폐협약 이행을 위한 한국 정부의 노력을 소개하면서 성별영향평가 추진을 그 구체적인 예로 소개하고 있었다.

77) 이에 대하여 김은실은 "베이징 여성대회의 협약을 수용한 이후 정부는 국내여성의 요구보다는, 국제적 기준과 분위기에 보다 민감하게 반응했고 국제기구의 압력대문에 입법화되는 여성 정책이 많게 되었다"고 지적한다. 요컨대, 국제적 분위기와 국제기구의 압력이 젠더 주류화 정책의 주요 동인(動因)이었다는 것이다. 김은실, "한국의 여성정책과 페미니즘에서의 성주류화 전략", 한국여성정책연구원 개원 25주년 기념 국제학술심포지엄 발표논문(2008), p.126.

적인 기호로 작동"78)한다는 것이다. 이러한 점에서 특정 국가에 있어 젠더 주류화 정책은 '근대화의 상징'으로 환치되는 것이다.

특정 국가의 젠더 주류화 수용에 대한 또 다른 설명은 이른바 국제기구 회원효과와 동료효과라 할 것이다. 이 설명은 국제기구의 회원으로 가입함에 따라 다른 국가들로부터 영향을 받게 되는 동료국가의 역할 주목하고 있다.79) 국제규범에 기능적 요소에 대하여 클로츠는 공동체와 정체성, 대화와 평판의 유지에 대하여 지적한다. 국제규범은 공동체와 정체성(community and identity)을 보장하는 데 핵심적인 역할을 한다. 이때 규범은 공동체 내의 정체성을 보장하는 기준 또는 언어로 사용된다.80) 물론 국가들이 이와 같이 공동체에 속해있는 것은 자신의 정체성을 확인하면서, 동시에 물질적 이익을 얻기 위한 기회가 보장되기 때문이다. 특히 공동체는 결국 공동체가 공유하는 규범에서 출발하며, 규범은 다시 공동체의 공동 정체성을 만들어 낸다. "어느 정도까지 행동할 수 있는가에 대한 공동체의 기준은 규범으로부터 출발한다. 이때 규범은 정체성 제약 내지는 확인의 과정을 통해서 사회화의 도구로 이용되는 제재(sanctions)로 작동한다."81) 이와 같은 맥락에서 특정 국가가 국제기구에서 다양한 활동을 경험했는가는 국제규범의 수월한

---

78) Deniz Kandiyoti, "Identity and Its Discontents", *Millennium: Journal of International Studies* 20(3) (1991), p.420. 그는 이를 다음과 같이 정리한다. "베일을 벗은 여성의 사진은 트랙터, 산업단지, 혹은 새로운 기찻길과 크게 다르지 않다: 이는 단지 남성이 이룬 성과의 단순한 성과에 다름 아니다. 이와 같은 이미지에서, 남성에 의해서 남성을 위해서 유지되는 정치적 담론에서, 여성은 다시 한 번 객체화된다", Ibid.

79) True and Mintrom, op.cit., p.41.

80) 이는 다음과 같이 설명이 가능하다. 즉, "…지배적인 규범의 테두리 내에서 행위자가 자신의 정체성에 대하여 천착하고, 아울러 자신의 행위를 정당화시킨다면, 이들 공동체들은 정체성이 행위자의 행동에 영향을 미치는 중요한 것임에 틀림없다", Klotz, op.cit., p.29.

81) Ibid., p.29.

수용과 직접 맞닿아 있다고 할 것이다. 즉, 국제기구에서 다양하고 많은 경험들을 한 국가들은 젠더 주류화 수용에 더욱더 적극적이라는 것이다. "공식적으로 만들어진 정부 간 국제기구는 회원국가 간의 상호협조, 최선을 위한 토론 아울러 상호지원 등을 용이하게 만들어내는 것이다."[82] 여기에서 주목해야 할 점은 동료효과(peer-effect)이다.[83] 특히 젠더 주류화와 관련하여 국가사이의 학습은 대단히 신속하면서도 효과적인 것으로 보고되고 있다. 예를 들어 북유럽 국가들은 젠더주류화기관 설립에 다른 지역의 국가들보다 훨씬 적극적으로 접근하였다[84]

Ⅳ. 맺음말

월비는 젠더 주류화가 국제규범 내지는 정책과정으로서 단순한 일방적 확산의 과정이 아니라는 점에 주목하고 있다. "젠더 주류화는 중심 국가로부터 주변국가로 단순하게 확장되는 정책발전을 보여주는 사례가 아니며, 오히려 상이한 장소에서 복잡한 접합과 다

---

82) True and Mintrom, op.cit., p.41.

83) 동료효과는 말 그대로 국제기구 내지는 (비)공식적 공동체 내의 다른 국가의 행위에 대하여 학습효과로 국제규범을 적극적으로 수용하는 것을 의미한다. 클로츠(Klotz)는 이를 대화와 평판(reputation and communication)의 유지로 설명한다. 국제규범은 비단 행동의 결과로만 나타나는 것이 아니라, (동료 국가들 사이의) 대화의 과정을 통해서도 확인된다는 것이다. 이때 대화는 규범을 만들고 이해하는데, 말하자면 사회화되는 데 중요한 도구로 작동이 된다. 아울러 이와 같은 대화의 과정에서 행위자들은 공동체에 녹아있는 다른 행위자들의 생각과 의도에 대하여 이해하고 순응하려는 노력을 하게 되고, 이는 결국 행위자의 행동을 규율하는 기제로 작동하게 된다. 이에 따라서 "평판은 목적을 달성하기 위한 행위자에 있어 자발성의 원천이자, 동시에 잠정적인 제약으로 작동하게 되는 것이다", Klotz, op.cit., p.30.

84) 아이슬란드가 1976년, 덴마크 및 노르웨이가 1978년, 스웨덴이 1982년에 각각 고위 수준의 젠더 관련 국가기관을 설립하였다.

양한 발전을 보여주는 사례라 할 것이다."[85] 이는 예전의 국제규범이 주로 선진국에서 후진국으로 확산(diffusion)되는 과정이라면, 젠더 주류화는 다른 확산 과정을 가진다는 점에 주목해야 함을 의미한다. 이러한 맥락에서 이 연구는 국제규범으로서 젠더 주류화가 어떻게 전 세계적으로 확산·수용되었는가를 분석하고자 하였다. 한편으로, 이 연구는 국제규범으로서 젠더 주류화의 기원에 대하여 초점을 맞추었다. 먼저 젠더 주류화는 일종의 도덕적 영향(moral influence)에서 비롯되었다고 보고 있다. 여성 조직의 초국가적 네트워크는 각종 국제회의에서 여성 관련 문제를 제기하였고, 특히 젠더 주류화가 주요 이슈와 주제가 될 수 있도록 노력하였다. 일부 국가에서 시행되는 젠더 주류화와 관련된 국내적 제도와 실제에 주목하면서 그것을 세계화시키기도 하였다. 개별 국가들은 젠더 주류화를 일종의 무형적인 국가 이익으로 인식하면서도 도덕적 영향에 민감하게 반응을 하게 된다. 또한, 이 연구는 국가의 국제규범에 대한 사회화(socialisation)에 초점을 맞추었다. 국가는 새로운 규범, 가치 및 이해를 인식하면서 국제규범을 통해서 사회화 과정을 경험하게 된다. 이미 본문에서 살펴보았듯이, 국가는 젠더 주류화의 담론에 주목하면서, 그 담론이 갖는 성격을 이해하고 때로는 그것을 제도화시키려 한다. 담론과 제도화 확산의 영역은 그 국가가 속한 국제기구 내지는 동료 국가로부터 젠더 주류화를 학습하는 과정이기도 하다. 젠더 주류화를 일종의 규범으로 인지하고 해당 국제사회 내지는 공동체의 기준 내지는 정체성으로 인지

---

85) Walby, op.cit., p.458.

하고, 수용하면서 국가는 학습하고, 자신의 행동을 규율하는 사회
화 과정을 경험하는 것이다.

국제규범으로서 젠더 주류화는 실제로 여러 가지 문제점을 안고
있다.[86] 가장 자주 지적되는 문제점 중의 하나는 개념의 혼란이다.
젠더 주류화는 여성의 주류화에 관련되는 상당히 포괄적인 개념임
에도 불구하고, 주로 여성 관련 정책의 시행으로 실제화되거나 축
소되는 경향으로 나타난다.[87] 이 견해에 따르면, 젠더 주류화라는
상징적인 수사(rhetoric)와 정책적 현실(reality)[88] 또는 훌륭한 이론
(theory)과 (실행하기에는) 복잡한 실제(practice)[89]라는 화해하기 힘
든 간격이 존재한다. 일부 국가에서 시행되는 정책들이 젠더 주류
화의 정신을 실천하기보다는 오히려 젠더 주류화 시행 자체에 초
점을 맞추는 기표로서 작동하고 있다는 비판까지 받고 있다.[90] 이
러한 배경에서 국제규범으로서 젠더 주류화가 실제로 어떻게 정책
화 되었고, 그것이 또한 어떻게 원래의 목적을 달성하고 있는가에
집중해야 한다는 지적이 나오고 있다. 여기에서 국제규범으로서
젠더 주류화가 단순히 "생성적 수사학(generative metaphors)"에서,

---

86) 이와 같은 문제점은 젠더 주류화가 국제규범으로서 작동할 때 생기는 문제점이라기보다는, 젠더
　주류화의 실효(實效)여부와 관련되는 페미니즘 학자 내지는 활동가들의 견해라 하는 편이 옳을 것
　이다.

87) 마경희가 지적한 바와 같이, 한국에서의 "성주류화하는 전략이라기보다는 행정부서와 행정단위들
　간의 연계강화(중앙부터 여성정책담당기구 간의 연계강화, 중앙과 지방여성정책 추진기구 간의 연
　계강화), 성별분리통계, 성별영향평가, 성인지교육 등 정책도구로 인식되는 경향이 강하다", 마경
　희, 앞의 논문, p.59.

88) 원숙연, "수사(rhetoric) 또는 현실(reality)?: 정부정책 영역에서의 성-주류화(gender-main streaming)기
　반 구조", 『국가정책연구』 제23권 제4호(2009).

89) True, op.cit., p.383.

90) 황영주는 한국의 성병영향평가제도에 대하여 평가하면서, "성별영향평가제도자체를 주로 젠더 주
　류화의 기표로만 이용하지 않았는가 하는 의심을 할 수 있게 된다"고 지적한다. 황영주, 앞의 논문,
　p.345.

실제로 어떻게 정책화되는지의 과정으로 초점을 맞추어야 하는 이유가 있다.[91] 물론 강력한 규범적 이미지와 가치는 국제규범 구성과 새로운 규범의 제도화에 결정적인 역할을 하지만, 정책의 형성과 정책과정에서 나타나는 문제 또는 국제규범의 국가적 수용은 또 다른 측면의 토론거리라 할 수 있다.[92]

이 연구에서는 국제규범으로서 젠더 주류화의 수용과 확산에 대한 문제를 다루었다. 젠더 주류화를 국제규범의 한 사례로 보고 이와 같은 규범이 어떻게 발생하고, 어떻게 국가들에 의해서 수용되었는지를 살펴보는 것이 이 연구의 목적이었다. 이러한 배경을 고려할 때 이 연구는 다음과 같은 의의가 있다고 하겠다. 한편으로 볼 때, 이 연구는 국제규범이 실제로 어떻게 수용되고, 어떻게 확산되는지를 분석하였다. 국내에서 지금까지의 규범에 대한 연구가 주로 국제규범에 대한 성격에 대하여 집중하면서, 이미 주어진 것으로 간주하고 실제로 국제규범이 왜 발생하며, 어떻게 확산되는지에 대한 연구가 부족하였다면, 이 연구는 그러한 면을 부족하나마 보충해주는 역할을 하였다. 다른 한편으로 볼 때, 이 연구는 페

---

91) 예를 들어, Sonia Mazey, "Introduction: Integrating Gender-intellectual and 'real world' mainstreaming", *Journal of European Public Policy* 7(3) (2000)을 참조하라.

92) 젠더 주류화의 경우뿐만 아니라. 국제규범의 국내화 과정이 어떠한 과정들을 거치는지에 대한 실증적 연구가 필요하다. 일부 국제규범을 연구하는 학자들은 국제규범의 국가적 수용 혹은 국내적 수용에 대한 연구에 초점을 맞추고 있다. 코텔과 데이비스(Cortell and Davis)에 따르면 국제규범의 국내화는 여러 단계를 거치게 된다. 물론 국제규범이 개별국가에서 어떻게 제도화(institutionlalised) 되는가가 국제규범의 수용을 보여주지만, 국내 정치적담론, 제도적 변화 및 국가정책에서 그 정도를 확인할 수 있다는 것이다. Andrew P. Cortell and James Davis, Jr., "Understanding the Domestic Impact of International Norms: A Research Agenda", *International Studies Review* 2(1) (2000), p.66: 더 나아가서 국제규범이 어떤 방식으로 국내적으로 수용되는가는 여러 가지 복합적인 변수를 고려해야 해야 하는데 그러한 변수들은 문화적 수용성(cultural match), 국가지도자들이나 정치인들의 수사학(rhetoric), 국가의 물질적 이익(domestic interests), 국내의 제도(domestic institutions) 및 사회화(socializing forces) 등으로 구별할 수 있다., Ibid., pp.73~83.

미니즘 (국제)정치학에서 중요하게 다루어지는 젠더 주류화에 대한 연구를 전통 정치학(the conventional politics)의 입장, 즉 국제규범이라는 측면에서 분석하였다. 젠더 주류화는 전통 정치학과 많은 대화를 나눌 수 있는 젠더 정치학의 영역임을 이 연구를 통해서 확인하게 되었다.

참고문헌

김은실(2008), "한국의 여성정책과 페미니즘에서의 성주류화 전략", 한국여성정책연구원 개원 25주년 기념 국제학술심포지엄 발표논문, pp.115~129.

리처드 샵컷(2009), "국제윤리", 존 베일리스·스티브 스미스·퍼트리샤 오언스 편저, 『세계정치론』, 하영선 외 옮김, 서울: 을유문화사, pp.232~249.

마경희(2007), "성주류화(gender mainstreaming)에 대한 비판적 성찰: 여성정책의 새로운 패러다임인가? 함정인가?", 『한국여성학』제23권 1호, pp.39~66.

박재규(2006), "한국사회의 성별영향평가 추진 현황과 과제", 미발표연구보고서, pp.11~28.

여성부(2009), 『성별영향평가지침』, 여성부.

원숙연(2009), "수사(rhetoric) 또는 현실(reality)?: 정부정책 영역에서의 성-주류화(gender-mainstreaming) 기반 구조", 『국가정책연구』제23권 제4호, pp.93~114.

조우철(2002), "여성정책의 영역에 관한 연구", 한국행정학회 하계학술발표대회 발표 논문, pp.765~779.

황영주(2006), "지역여성국제교류: 여성연대성의 실현", 『세계지역연구논총』 제24집 1호, pp.323~341.

황영주(2009), "강건한 국가, 페미니즘의 약화; 젠더 주류화 정책으로서의 성별영향평가", 『21세기 정치학회보』제19집 1호, pp.329~352.

황영주(2009), "실증주의와 후기 실증주의의 중도(Via media)?: 영국학파 다시 보기", 『국제정치연구』제12집 2호, pp.23~46.

Gudrun Biffl(2008), "성주류화를 통한 유엔 내 여성 고용촉진", 『국제노동브리프』 6(6) (2008), pp.4~25.

Björkdahl Annika(2002), "Norms in International Relations: Some Conceptual and Methodological Reflections", *Cambridge Review of International Affairs* 15(1), pp.9~23.

Cortell Andrew P. and James Davis, Jr.(2000), "Understanding the Domestic Impact of International Norms: A Research Agenda", *International Studies Review* 2(1) (2000), pp.65~87.

Elgstrom Ole(2000), "Norm Neociations: The Construction of New Norms regarding Gender and Development in EU Foreign aid Policy", *Journal of European Public Policy* 7(3), pp.457~476.

Hafner-Burton Emile and Mark A. Pollack(2002), "Maingstreaming Gender in Global Governance", *European Journal of International Relations* 8(3) (2002), pp.339~373.

Kandiyoti Deniz(1991), "Identity and Its Discontents", *Millennium: Journal of International Studies* 20(3) (1991), pp.429~443.

Klotz Audie(1995), *Norms in International Relations: The Struggle Against Apartheid*. Ithaca: Cornell University Press.

Lombardo Emanuela and Petra Meier(2006), "Gender Mainstreaming In the EU", *European Journal of Women's Studies* 13(2), pp.432~456.

Mackie Vera(2001), "The Language of Globalization, Transnationality and Feminism", *International Journal of Politics* 3(2), pp.180~206.

Mazey Sonia(2000), "Introduction: Integrating Gender-intellectual and 'real world' mainstreming", *Journal of European Public Policy* 7(3), pp.333~345.

Sawer Marian(2007), "Australia: the Fall of the Femocrat", in Joyce Outshoorn and Johanna Kantola(eds.), *Changing State Feminism*. Hampshire: Palgrave, pp.20~40.

Thomas Ward(2001), *The Ethics of Destruction: Norms and Force in International Relations*. Ithaca; Cornell University Press.

True Jacqui(2003), "Mainstreaming Gender in Global Public Policy", *International Feminist Journal of Politics* 5(3), pp.368~396.

True Jacqui True and Michael Mintrom(2001), "Transnational Networks and Policy Diffusion: The Case of Gender mainstreaming", *International Studies Quarterly* 45, pp.27~57.

UNDP(2007), *Gender Mainstreaming in Practice: A toolkit*.

Walby Sylvia(2005), "Introduction: Comparative Gender Mainstreaming in Global Era", *International Feminist Journal of Politics* 7(4), pp.453~470.

Wiener Antje(2009), "Enacting meaning-in-use; qualitative research on norms and international relations", *Review of International Studies* 35, pp.175~193.

색인

국제사회의 규범과 원리

초판인쇄 2014년 06월 30일
초판발행 2014년 06월 30일

지은이 권선홍, 고홍근, 최자영, 김영일, 황영주
펴낸이 채종준
펴낸곳 한국학술정보㈜
주소 경기도 파주시 회동길 230(문발동)
전화 031) 908-3181(대표)
팩스 031) 908-3189
홈페이지 http://ebook.kstudy.com
전자우편 출판사업부 publish@kstudy.com
등록 제일산-115호(2000. 6. 19)

ISBN 978-89-268-6457-9 93920

이담 Books 는 한국학술정보(주)의 지식실용서 브랜드입니다.